VENTE, PLACE SAINTE-GENEVIÈVE,

LE MERCREDI 26 OCTOBLE 1836,

ET JOURS SUIVANS,

ONZE HEURES DU MATIN.

CATALOGUE
DES LIVRES

COMPOSANT LA BIBLIOTHÈQUE

DE FEU M. LE CHEVALIER,

Conservateur de la bibliothèque de Sainte Geneviève,

AUTEUR DU VOYAGE A LA PROPONTIDE, DU VOYAGE A LA TROAIF, DE ULYSSE-HOMÈRE, ETC., ETC.

DONT LA VENTE SE FERA

Le Mercredi 26 Octobre 1836, et jours suivans,
à 11 heures du matin,

PLACE SAINTE-GENEVIÈVE,
Bâtiment de la Bibliothèque,

Par le ministère de Mᵉ BERTON, commissaire-priseur,
rue Hauteville, n. 4.

SE DISTRIBUE

A PARIS,

CHEZ MERLIN, LIBRAIRE,
QUAI DES AUGUSTINS, Nᵒ 7.

1836

AVIS.

———

Les Livres vendus devront être collationnés sur place dans les 24 heures de l'adjudication. Passé ce délai, ou une fois sortis de la salle de vente, ils ne seront repris pour aucune cause.

Les articles au-dessous de 12 fr. ne seront admis à rapport que dans le cas où ils seraient incomplets par enlèvement de feuillets ou fragmens de feuillets atteignant le texte; ils ne seront pas repris pour taches, mouillures, déchirures, piqures, ou autres défectuosités.

Les acquéreurs paieront en sus du prix d'adjudication, 5 centimes par franc, applicables aux frais.

———

Le Libraire chargé de la Vente remplira les commissions qui lui seront adressées.

On est prié d'indiquer exactement le maximum du prix qu'on veut mettre à chaque ouvrage.

Le droit de commission est de 10 pour 100.

Le même Libraire se charge de ventes, prisées, rédaction de catalogues, etc., aux conditions suivantes :

1° Catalogues rédigés par ordre méthodique,   10 pour 100 du produit brut de la vente;

2° Catalogues par ordre alphabétique,   5 pour 100;

3° Ventes sans catalogue,   4 pour 100.

Tous les frais et déboursés sont comptés en dehors de ces prix.

A. PIHAN DE LA FOREST,
IMPRIMEUR DE LA COUR DE CASSATION,
Rue des Noyers, n° 37.

CATALOGUE

DES LIVRES

COMPOSANT LA BIBLIOTHÈQUE

DE FEU M. LE CHEVALIER.

THÉOLOGIE. — JURISPRUDENCE. — SCIENCES ET ARTS.

1. De la Religion, considérée dans sa source, par Benjamin Constant. *Paris*, 1826-27, in-8, 3 vol., d.-rel.

2. De la Religion, considérée dans sa doctrine, dans sa morale et dans son culte ; par l'abbé Bonnevie. *Paris*, 1820, in-8, d.-r. — L'analogie de la religion naturelle et révélée avec l'ordre et le cours de la nature ; par Jos. Butler. *Paris*, 1821, in-8, cart.

3. Biblia Hebraica, cum lat. interpret., Xantis Paguini ; ed. Bened. Aria montano, et Novum Test. gr. et lat. *Aurel.-Allobrog.*, 1619, in-fol., v. m.
   Le Nouveau Testament imparfait du dernier feuillet.

4. Sainte Bible, trad. en franç. par le Maistre de Saci. *Paris*, 1776, in-12, 4 vol., v. porph. — Les CL psaumes de David, mis en vers françois, par Jean Metezeau. *Paris*, 1610, p. in-8 , fig., vél., d. s. tr.

5. The christians new and complet. family Bible ; with notes by Th. Bankes. *London*, fig. (s. d.), gr. in-fol. v. jas.

6. Joh. Leusden Novum Testamentum græcè. *Lugd.-Bat.* 1716, in-32, v. j. — Theodoretus de Providentia græcè et lat. (ex interpret. Rodol. Gualtheri). *Paris.*, 1630, pet. in-8, m. r., à fleurs de lys et chiffre.

7. Samuelis Bocharti opera omnia, ed. Goh. Leusden et Pet. de Villemandy, editio quarta. *Lugd.-Bat.* 1712, 3 vol., in-fol., cart. non rognés.

8. Essai sur les erreurs et les superstitions anc. et mod. par Castillon. *Francfort*, 1766, in-8, 2 tom. 1 vol., v. rac. — Des erreurs et de la vérité, par un Ph...inc. (Saint-Martin). *Edimbourg*, 1775, in-8, bas. jas.

9. Esprit des lois, (par Montesquieu). *Genève*, 1749, in-4, 2 tom. 1 vol. v. éc. — Abrégé du cours élémentaire du droit de la nature et des gens, par M. Cotelle. *Paris*, 1820, in-8, d.-r.

10. On the origin, nature, progress and influence of consular establishments, by D. B. Warden. *Paris*, 1813, gr. in-8, pap. vél., d.-r.

11. Le songe du Vergier qui parle de la disputation du clerc et du chevalier (attribué à Raoul du Presle, Jean de Vertu, Charles de Louviers ou. de Lignano). *Imp. par Jacq. Maillet*, l'an 1491, le 8me jour de mars, in-fol. goth. bas. rac.

12. De la liberté des mers; par M. de Rayneval. *Paris*, 1811, in-8, 2 vol., bas. rac.

13. Aristotelis organum, gr.; Julius Pacius recensuit : è græco in linguam latin. convertit. (*Lugd.*) 1584, in-4, d.-r. — Maximi Tyrii Dissertationes philosophicæ, græcè, cum interpretat. et notis Dan. Heinsii. *Lugd-Bat.*, 1614, in-8, mout. rou., fleurs de lys, fil., tr. dor.

14. Pensées de Platon rec. et trad. par M. Jos. Vict. Le Clerc. *Paris*, 1819, in-8, bas. rac. — Maximi Tyrii dissertationes græcè, cum interpret. notis et emendationib. Dan. Heinsii. *Lugd-Bat.*, 1607, 2 part. 1 vol., in-8, vél.

15. Introd. à la philosophie, par M. Laurentie. *Paris*, 1826, in-8, d.-r. — Essais de Métaphysique (par le Maitre). *Paris*, 1809, in-8, cart.

16. Système de la nature, ou des lois du monde physique et du monde moral. *Paris*, 1794, 6 vol. in-18, rel. pap. mar. rou., fil.

6	1	50	[illegible]
7	44	50	[illegible]
8	2	40	Dobroni
9	2	50	[illegible]
10	1	„	[illegible]
11	~~++~~ 2	„ ~~off~~	~~[illegible]~~ in [illegible]
12	3	40	[illegible]
13	5	of	
14	8	ff	Schonbeck
15			
16	1	75	[illegible]

17	1	SS	Cr.
18	6	a	Labitte
19	2	Sö	V
20 } 21 }	——— 8	Go	Labitte
22	1	So	chivier
23	11	... in	charpentier (Mentin)
24	7	10	Labot
25	6	of	
26	5	Gf	V

17. Opuscules moraux de L .M. Reveillière-Lépeaux , et de
J. B. Leclerc. *Paris*, 1798, in-8 , v. rac., fil. — Le la
Bruyère des Domestiques, suivi d'une nouvelle , par Mme de
Genlis. *Paris*, 1828, in-8 , d.-rel.

18. La République de Cicéron, d'après le texte inédit , ré-
cemment découvert et commenté par M. Mai, avec une
trad. franç., un discours préliminaire et des dissert. histor.,
par M. Villemain. *Paris*, 1823, fig., in-8, 2 vol., d.-rel.

19. De l'esprit des institutions politiques; par J. A. F. Mas-
sabian. *Paris*, 1821 , 2 vol., in-8 , cart.

20. A letter on the abolition of the slave trade , by W. Wil-
berforce. *London*, 1807, gr. in-8, rel. angl.

21. Recherches sur la richesse publique, trad. de l'angl. du
comte de Lauderdale, par E. Lagentie de Lavaïsse. *Paris*,
1808, in-8, d.-rel. — Théorie du crédit public; par le
Chev. Hennet. *Paris*, 1816, in-4 , br.

22. Essai sur les sourds-muets, et sur le langage naturel , par
A. Bébian. *Paris*, 1817, in-8, d.-rel.

23. Lettres à une princesse d'Allemagne sur div. sujets de
physique et de philosophie, par L. Euler, rev. et augm.
de diverses notes, par J. B. Labey, fig. *Paris*, 1812, 2 vol.,
in-8 , bas. rac.

24. Elémens de physique expérim., de chimie et de minéralogie, suivis d'un abrégé d'astronomie ; par P. Jacotot. *Paris*, 1804 , in-8, 2 vol., bas. rac., et atlas, in-4, d.-r. —
Nouv. Dictionnaire de Physique, par A. Libes. 3 vol.,
in-8, bas. rac.

25. Traité élém. de physique ; par Haüy. *Paris*, 1821 , in-8,
fig., 2 vol., bas. jas. — La chimie enseignée en 26 leçons, trad. de l'angl. par Payen. *Paris*, 1825, fig., in-12,
d.-r. — Observations sur la chimie, trad. de l'angl., avec
des notes et des grav. *Genève*, 1809, 3 vol., in-12, d.-r. —
Traité élément. de Physique, par C. Despretz, fig. *Paris*,
1825, in-8, bas. rac.

26. Essai de physique par P. Van Musschenbrœk, trad. du
holland. par P. Massuet. *Amst.*, 1739, fig., in-4, 2 vol.,
v. m. — Leçons de physique experimentale; par l'abbé
Nollet, fig. *Paris*, 1749, 6 vol. in-12 , v. m. — Recueil
de mémoires sur la mécanique et la physique, par l'abbé
Rochon. *Paris*, 1783, fig., in-8, d.-rel. — Traité élément.
de Chimie, avec fig., par Lavoisier. *Paris*, 1793, in-8,
3 vol., v. rac.

27. P. Gasp. Schotti Physica curiosa. *Herbipoli*, 1662, in-4,
fig. 2 vol., v. br. — Gasp. Schotti magia universalis naturæ
et artis, cum figuris. (*Hamb.*), 1677, 4 vol., in-4, v. j.

28. Essai météorologique sur la véritable influence des astres,
des saisons et changemens de tems ; par Jos. Toaldo, trad.
de l'ital. par Jos. Daquin. On y a joint une trad. en franç.
des pronostics d'Aratus, trad. du grec en ital., par Ant.
Louis Bricci (et en français par le comte ****). *Chamberry*,
1784, in-4, d.-rel. — Annuaire météorologique, par J. B.
Lamarck. *Paris*, 1805, 1811, XI nᵒˢ (*manq. les* nᵒˢ 1, 2 et
5), broch.

29. Explication du flux et reflux (par de Brancas). *Paris*,
1749, in-4, d.-r. — Traité du flux et du reflux de la mer.
par M. de La Lande, fig., *Paris*, 1781, in-4, bas. rac., fil

30. Histoire de l'action capillaire, par Laplace. *Paris*, 1806,
fig. in-4, 2 tom. 1 vol., v. rac., — Tables Barométri-
ques portatives, donnant les différences de niveau par une
seule soustraction ; par M. Biot. *Paris*, 1811, in-8, d.-rel.

31. Gli artifitiosi et curiosi moti spiritali di Herone, tradotti
dal greco da Gio. Battista Aleotti, di Herone degli automati,
overo machine se moventi, lib. due, trad. dal greco dal Ber-
nardino Baldi, fig., *Ferrara*, 1589, 2 tom. 1 vol., p. in-4,
parch.

32. Traité du baromètre, par Louis-Phil, la Brosse, fig.
Nancy, 1717, in-12, v. fau., fil., b. bord.
  Bel exemplaire.

33. Traité élément. de statique ; par Gasp. Monge. *Paris*,
1794, fig., in-8, bas. rac. — Traité élémentaire des machines, par M. Hachette, fig. *Paris*, 1809, in-4, bas. rac.

34. Euclidis optica et catoptrica è græco versa per Joan. Pe-
nam. *Parisiis*, 1557, p. in-4, v. fau., fil. — Leçons d'op-
tique, par l'abbé de la Caille, fig. *Paris*, 1756, in-8, v. m.

35. Histoire de l'astronomie, dep. 1791 jusqu'à 1811, pour
servir de suite à l'hist. de l'astronomie de Bailly ; par Voi-
rou. *Paris*, 1810, in-4, v. rac.

36. Dictionn. d'astronomie mis à la portée des gens du monde,
par Ph. J. Coulier, fig. *Paris*, 1824, in-12, bas. rac. —
Leçons d'astronomie, par M. Arago, fig. *Paris*, 1835,
in-12, pap. vél., br.

37. Composition mathématique de Claude Ptolémée, trad.
pour la 1ʳᵉ fois du grec en franç., (le texte à côté), par

27	6	of	Chorus
28	1	40	~~tit~~
29	2	20	V.
30	3	of	Labor
31	2	20	Austin (Aufaqui)
32 33	- -5	20	Choirs
34	1	"	V.
35	8	"	Austin (worcestershire)
36	1	50.	
37	20		

38	1	ſo	
39	1	ſo	
40	1	ſo	meilhac
41	t	.	Jabai
4			
42	4	u	. Bachelier
43	34	ſo	Bachelier
	3	u	:9

M. Halma et suivie des notes de M. Delambre. *Paris*, 1815-1816, fig., gr. in-4, 4 vol. v. rac. fil., les 2 dern. plus pet. pap. — Hypothèses et époques des planètes de C. Ptolomée et hypotyposes de Proclus Diadochus, (gr. franç.), trad. par l'ab. Halua. *Paris*, 1820, 3 part., 1 vol., in-4, broch.

38. Etat des étoiles fixes au second siècle, par Cl. Ptolomée, comparé à la position des mêmes étoiles en 1786, avec le texte grec et la traduct. franç., par l'ab. Montignot. *Nancy*, 1786, in-4, bas. m., fil. — Mem. concern. diverses questions d'astronomie et de physique; par M. le Monnier. *Paris*, 1781, fig., in-4, v. m.

39. Mém. sur l'origine des constellations, et explication de la fable par le moyen de l'astronomie; par Dupuis. *Paris*, 1781, in-4, bas. rac. fil. — Mémoire explicatif sur la sphère caucasienne et spécialem. sur le zodiaque. *Paris*, 1813. br, in-4.

40. Astronomical and geographical essays; by Geor. Adams, fig. *London*, 1795, in-8, v. fau., dent., tr. dor. — Hydrometrical observations and experiments in the Brewery (by G. Baverstock). *London*, 1785, in-8, cart.

41. Leçons élémentaires d'astronom. géométrique et physique; par l'abbé de la Caille, augm. de notes par de la Lande, fig. *Paris*, 1780, in-8, bas. porph. — Institutions astronomiques (par le Monnier). *Paris*, 1746, fig., in-4, v. m. — Principes d'astronomie sphérique, par Mauduit, fig. *Paris*, 1765. = Traité élémentaire de trigonométrie rectiligne et sphérique, par S. F. Lacroix, fig. *Paris*, 1799, in-8, bas. j.

> Exemplaire avec les corrections du P. Pingré, qu'on trouve sur celui de la bibliothèque de Sainte-Geneviève.

42. An introduction to astronomy, illustrated with copper plates; by John Bonnycastle. *Lond.*, 1787, in-8, bas. fauv. — Astronomie populaire, par Fried. Th. Schubert. *S. Pétersbourg*, 1804, in-8, bas. rac. (en allemand).

43. Astronomie; par Jérôme Le Français (Lalande,) 3me édit. rev. et augmentée. *Paris*, 1792, fig., 3 vol., in-4, bas. rac.

44. A complete system of astronomy; by the Rev. S. Vince. *Cambridge*, 1797 - 99, fig., gr. in-4, 2 vol., rac., rel. angl.

45. Exposition du système du monde, par P. S. Laplace. *Paris*, 1799, in-4, bas. rac. — Traité de mécanique céleste, par P. S. Laplace. *Paris*, 1799 - 1805, in-4, 4 vol., bas. rac.

46. Exposition du système du monde, par Laplace, 3ᵐᵉ édit. rev. et augm. par l'auteur. *Paris*, 1808, 4 vol. in-8, d.-r. — Système général du monde, et cause du mouvement des astres; par Paris de Boisrouvray. *Paris*, 1809, in-8, d.-r.

47. Traité élémentaire d'astronomie physique; par J. B. Biot, fig. *Paris*, 1810, in-8, 3 vol., bas. rac.

48. Uranographie par L. R. Francœur. *Paris*, 1818, fig., in-8, bas. r. — Astronomie solaire simplifiée, fondée sur les observations tant anc. que du moyen âge; par J. B. P. Marcoz. *Paris*, 1832, in-8, d.-r.

49. Carte trigonométrique servant à réduire la distance apparente de la lune au soleil ou à une étoile à une distance vraie et à résoudre d'autres questions de pilotage; par J. R. Maingon. *Paris*, 1798 = Hemisphère céleste antarctique, arctique, austral et polaire arctique, construites d'après les connaissances les plus nouv. par Robert de Vaugondi. Le tout en 1 vol., gr. aigle, d.-r. — Système solaire, inventé et dessiné par Sigismond Visconti, gravé par Gianni. *Paris*, (s. d.) 6 planches, 1 vol. in-fol., dos de mar. et pap. mar. rou.

50. Leçons d'un père à son fils sur le système du monde, ou l'hypothèse copernicienne démontrée par les machines de Loysel, avec les explications de H. Raymond, 14 planch. color. *Paris*, 1805, in-8, cart. — Le Globe céleste, par M. H.... (Hennet) fig. *Paris*, 1820, in-8, br.

51. Joannis Bayeri uranometria. *Ulmæ*, 1661, trad. en français sous le titre asterismes de Bayer, par Cormontaigne, ingénieur ord. du roi, capitaine au régim. de Navarre, année 1729; à Metz, in-fol, bas m.

> Manuscrit autographe de la traduction française de M. Cormontaigne, avec sa signature. Le texte latin est intercalé entre chaque feuille de la traduction.

52. Description et connaissance générale des constellations, avec un catalogue de l'ascension droite et de la déclinaison de 17240 étoiles, par J. E. Bode, *Berlin*, 1801, gr. in-fol. d.-r. (*texte allem. et français*). — Jo. Elerti Bode Uranographia viginti tabulis æneis incisa. *Berolini*, 1801, in-fol., pap. gr. aigle, dos de mar. et pap. mar. rou. — Représen-

45   70   "   Labor

46   0   anno le [?]

47   31   .   Bachelier
48   1   50   Mulhac [?]

49   10   "   [illegible] (ringtstaet [?])

50 ⎫
   ⎬   2   "   Bachelier
51 ⎭

52   50   "   [illegible]

53   18   „

54 ⎫
    ⎬   1 80
55 ⎭

56 ⎫
    ⎬   3   „
57 ⎭

58   1   „   Multhau

58 bis   4   „   Casilimj

59   1   „   avec le 4

tation des astres, avec un catalogue complet d'étoiles; par
J. E. Bode. *Berlin*, 1782, in-4 obl., fig., cart. *Jom·*

53. Præcipuarum stellarum inerrantium positiones mediæ
ineunte seculo XIX ex observationibus habitis in Specula
Panormitana ab anno 1792 Adam, 1802. (Operâ Jos.
Piazzi).—Atlas céleste, 35 planches grav. par D. Berger, en
1782, in-4 obl. cart. (*texte allemand*).

54. Catalogue de 501 étoiles suivi de tables relatives d'aberration et de nutation; par Ant. Gagnoli. *Modène*, 1807,
p. in-4, cart. — Nouv. zodiaque réduit à l'année 1755,
avec les autres étoiles dont la latitude s'étend jusqu'à 10 degrés au nord et au sud du plan de l'Ecliptique (par de
Seligny). *Paris*, 1755. == Table de la longitude et de la
latitude de toutes les étoiles fixes zodiacales suiv. les observat. de Flamsteed; par G. Dheulland, fig. *Paris*, 1767,
2 tom., 1 vol. in-8, bas m.

55. Traité de la sphère. 2 vol., in-4, v. j.
> Manuscrit écrit en 1757; fig. dessinées à l'encre. Il vient de
> la bibliothèque de Jean Boula de Mareuil, suivant note signée
> par lui-même en tête.

56. Ductor ad astronomiam et geographiam, vel usus globi
cœlestis quam terrestris, per Jos. Moxon. *Lond.*, 1659,
fig., in-4, d. r. — The description and use of the globes,
and the Orrery, by Jos. Harris, fig. *Lond.*, 1783, gr. in-8,
bas. j., fil.

57. Traité de la sphère et du calendrier, par Rivard, édit. revue et augm. par Jérome de Lalande, fig. *Paris*, an VI -
1798, in-8, bas. m. — L'usage des globes céleste et terrestre, et des sphères, par N. Bion. *Paris*, 1751, gr.
in-8, v. m.

58. Les usages de la sphère, et des globes céleste et terrestre, précédés d'un abrégé sur les différ. systèmes du monde;
par Delamarche. *Paris*, 1821, in-8, fig. et cart., d.-rel. —
Description et usage du mécanisme uranographique, ou
abrégé élémentaire de Cosmographie; par Charles Rouy,
fig. *Paris*, 1816, in-8, d.-r.

58 *bis*. Cométographie ou traité historique des comètes; par
Pingré. *Paris*, 1783, in-4, 2 vol., bas. m.

59. Traité de la comète qui a paru en décembre 1743 et janv.,
févr. et mars 1744; conten. outre les observat. de l'auteur,
celles de Cassini et de Calandrini. On y a joint diverses
observat. et dissertat. astronomiques; par J. P. Loys de Che-

sceaux ; fig. *Laus* , 1744 , in-8, bas. m. — Des comètes en général , et en particulier de celles qui doivent paraître en 1832 et 35, par M. Arago. *Paris*, 1834, in-18, br. — Physique des comètes, dans le sentiment de l'impulsion et du plein; par le P. Bertier. *Paris*, 1760, fig., in-12, v. m.

60. L'usage de l'astrolabe, avec un petit traicté de la sphère, par Dom. Jacquinot , fig. *Paris*, 1559, p. in-8, mar. cit., fil., d. s. tr. au chiffre du card. de Bourbon. — Usage de l'astrolabe, par Dominique Jaquinot (le titre manq.). = Récréations mathématiques (par Cl. Gasp. Bachet de Méziriac). *Rouen*, 1634, fig., p. in-8, 4 part., 1 vol. v. br.

61. Collection de différens traités sur des instrumens d'astronomie physiq., etc., par J. H. de Magellan. *Lond.*, 1780, fig., in-4, v. rac. — Description des octants et sextants anglois, ou quarts de cercle à réflexion, avec la manière de se servir de ces instrumens; par M. J. H. de Magellan. *Paris*, 1775, fig., in-4, v. m.

62. Mém. sur le micromètre de cristal de roche, pour la mesure des distances et des grandeurs; par Alexis Rochon, avec une instruction par Torelli de Narci. *Paris*, 1807, in-8, cart.

63. L'orizonte della longitudine osia la nuova machina, con quale due osservatori osservando gli astri possono calcolare la longitudine, la latitudine, e l'azimuto della nave dell'Ab. Ant. Maria Jaci , fig. *Messina*, 1798, p. in-4, cart.

64. Description of the universal equatorial, and of the new refraction apparatus, much improved by Ramsden , with the method of adjusting the instrument for observations, fig. *Lond.*, 1791, in-4, d.-r. — An account of the equatorial instrument, by George Shuckburgh. *London*, 1793, fig., in-4, d.-r.

65. Description, use, and method of adjusting hadley's quadrant and sextant; by G. Adamus, fig. *Lond.*, 1789. — An introduction to practical astronomy; or, the use of the quadrant and equatorial; by G. Adams, fig. *Lond.*, 1795, 2 tom. 1 vol. in-8, d.-rel. — The description and use of Hadley's quadrant and sextant, by, J. W. Norrie, fig. *Lond.*, 1809, in-8, br. = Tables nouvelles de Vénus d'après la théorie de M. de la Place et les élémens de Lindenau calculées par M. Reboul. *Marseille*, 1811, et 5 autr. en tout 6 pièces in-8, et in-4, br.

60   60   „   Austin (Jon...

61   3   „

62   3   „   Austin (Belgrades)

63   1   50   id   (inst....)

64   2   „

65) Jannelle et 67

66 ⎱
67 ⎰   1

68   §§ §0   mithau

68 bis   1

69   1   15

66. The description and use of the Sliding Gunter in navigation,
by Andrew Mackay, fig. *Leith*, 1812.== A description of the
lines drawn on gunter's scale, as improved by John Robertson, and executed by Nairne and Blunt, with their use and
application more especially in navigation and astronomy; by
Will. Mountaine; fig. *Lond.* 1778, in-8, 2 tom., 1 vol.,
cart.

67. Exposition d'une mesure de la terre, d'où il résulte une
diminution considérable dans sa circonférence sur les parallèles; par d'Anville. *Paris*, 1735, carte, petit in-12,
demi-reliùre. — Mémoire sur la mesure d'un arc du parallèle moyen entre le pôle et l'équateur, par MM. Brousseaud
et Nicollet ; avec la carte des stations astronomiques, bro-
chure in-8.

68. Grandeur et figure de la terre (par Jacq. Cassini), suite des
mémoires de l'acad. des Sciences, année 1718. *Paris*, 1720,
fig., in-4, mar. r., tr. dor. (Exempl. de J.-Bapt. Ozanne
avec sa signature autographe.) — Base du système métrique
décimal, ou mesure de l'arc du méridien compris entre les
parallèles de Dunkerque et Barcelone, exécuté en 1792 et
ann. suivantes, par Méchain et Delambre; suite des mém.
de l'Institut. *Paris*, 1806-10, in-4, 3 vol. bas. rac. —
Méthodes analytiques pour la détermination d'un arc du
méridien, par J.-B.-J. Delambre, précédées d'un mém. sur
le même sujet, par A. M. Legendre. *Paris*, 1799, fig., in-4,
d.-r.

> On a ajouté une table manuscrite de réfraction, construite dans
> l'hypothèse de Bradley.

68 *bis*. Mémoires de mathémathiques et de physique rédigés
l'Observatoire de Marseille (publ. par les P.P. Pezenas,
Blanchard et Lagrange), fig. *Avignon*, 1755, 2 part. ==
Mémoire sur le passage de Vénus le 3 juin 1769, par Dela-
lande. *Paris*, 1769. == Explicat. de la fig. du passage de
Vénus sur le disque du Soleil, qui s'observera le 3 juin 1769,
avec les résultats du passage observé en 1761; par le même.
Ibid, 1764, carte. == Principes de la montre de M. Harisson, avec les planches relatives à la même montre. *Avignon*,
1767. — Extrait de la réponse de M. Jean Harisson aux
remarq. et objections de M. Maskelyne. *Ibid.* 1768, le tout
in-4, 1 vol. bas. m.

69. Exposé des opérations faites en France en 1787, pour a

jonction des observatoires de Paris et de Greenwich; par
Cassini, Mechain et le Gendre. Descrip. et usage d'un nouvel instrument propre à donner la mesure des angles à
la précision d'une seconde, fig. *Paris*, 1795, gr. in-4,
d.-r. — Mémoire contenant des explicattions théoriques et
pratiques sur une carte trigonométrique servant à réduire
la distance apparente de la lune au soleil, ou à une étoile en
distance vraie, et à résoudre d'autres questions de pilotage;
suivi du rapport de l'institut, et accompagné de la carte
trigonométrique. *Paris*, 1799, in-4, d.-r., la carte en
feuille.

70. Observations astronomiques faites par M. Le Chevalier,
manuscrit commençant le 21 juin 1812, et finissant le
7 mai 1813; 1 vol. in-fol., d.-r.

71. Tables astronomiques de Halley, par l'abbé Chappe d'Au-
teroche, carte. *Paris*, 1754, in-8, v. éc., fil. — Recueil de
tables astronomiques perpétuelles et de la table des logarithmes, des sinus, des tangentes et des nombres naturels,
à l'usage de la navigation. *Paris*, 1764, in-8, bas. m. —
Supplément aux tables de Mezger, ou tables particulières
d'aberration et de nutation, pour 252 étoiles, la plupart
zodiacales; par Delambre. *Paris*, 1790, in-8, d.-r.

72. Tables générales d'aberration et de nutation; par M. Delambre. *Paris*, 1799, in-4, cart. — Tables astronomiques
publiées par le bureau des longitudes de France : du soleil,
par Delambre; de la lune, par Bürg. *Paris*, 1806, in-4,
d.-r., *précédées de differentes tables manuscrites, dont plusieurs de la main de M. Le Chevalier.*—Tables astronomiques
publiées par le bureau des longitudes de France; tables de
la lune, par M. Burckhart, *Paris*, 1812, in-4, d.-r.— Ephémérides des mouvemens célestes, pour le méridien de Paris,
pendant les 10 années de 1775 à 1784; revu et publié par
de la Lande. *Paris*, 1774, fig., in-4, v. m.

73. Tables abrégées et portatives du soleil, calculées pour le
méridien de Paris sur les observations les plus récentes,
d'après la théorie de M. la Place, par le baron de Zach. *Florence*, 1809, gr. in-8, d.-r. — Correspondance astronomique, géographique, hydrographique et statistique du baron
de Zach; fig. *Gênes*, 1822, in-8, d.-r. — Notizie astrono-
miche adattate all' uso comune da Ant. Cagnoli. *Modena*,
1799, fig., in-12, pap. fort, bas. éc., fil. (tom. 1 unique).

74. Etat du ciel, ou journal de ce qui arrivera de plus consi-

70   2   "
71   1   "

72   8   "   Melhau

73   4   os   Coritiaus.

74   2   70   Dabis

75   47   „   Bachelier

76   9   „   15

77
78 }   4   „   Marin

79
80 }   4   50   Dabin

81   1   30

82   4   80   y⁹ (continua …)

dérable dans le mouvement des astres, par Desplaces, dans les années 1722-1735, fig. *Paris*, 1722-1735, 13 vol., pet. in-12, mar. r., dent. d. s. tr., avec armes. — Etat du ciel, pour les années 1754, 56 et 57, calculé sur les tables de Halley, par le P. Pingré. *Paris*, 1754-1757, mar. r. et v. m., fil., avec armes.

75. De la connoissance des temps depuis 1680 jusques et compris l'année 1536, commencée par Lefebure, Picard, Lieutaud, etc., et continuée par Jaurat, Messier et le bureau des Longitudes. *Paris*, 1680-1833, fig., 140 vol. in-12 et in-8, rel. et broch.

> L'année 1679, la première publiée, manque à notre collection, et l'année 1681 n'est qu'un extrait manuscrit d'une belle écriture. L'exemplaire est celui de M. Messier, qui l'a enrichi de quelques notes manuscrites détachées.

76. Connaissance des temps à l'usage des astronomes, années 1792 et suivantes, jusqu'à 1832 inclusivement. *Paris*, 1790, etc., in-8, 43 vol. rel. et br. Les années ne se suivent pas.

77. Annuaire de l'an IX-1801, calculé pour le méridien du Kaire. *Au Kaire*, imp. nationale, in-8, br.

78. Annuaire présenté au roi, par le bureau de longitudes, pour les années 1821, 23, 24, 27, 31, 34 et 1835. *Paris*, 1820-1834, 7 vol. in-18, br.

79. Ephemerides astronomicæ annorum 1786-1787, ad meridian. Mediolanensem supputatæ ab Angelo de Cesaris. *Mediolani*, 1785, 2 vol.— 1819 et 1821, à Francisco Carlini et Henrico Brambilla, cum appendice. *Milano*, 1818-1820, 2 vol. in-18 br.

80. Ephemerides anni 1757 usque ad annum 1800 ad meridianum Vindobonensem calculis definitæ à Maximil. Hell, et ejus adjuncto R. D. Ant. Mayr, cum appendice, et à Franc. de Paula Triesnecker et Joan. Burg supputatæ, fig. *Vindobonæ*, 1757-1799, 24 vol. in-8, rel., br. et cart.

81. Ephémérides astronomiques de Berlin, observées et publ. par **J. B. Bode**, pour les années 1776, 77, 82 et 1804. *Berlin*, 1774-1801, 4 vol. in-8, fig., cart.

Avec des notes de **M. Messier** et de **M. Lechevalier**.

82. Monatliche correspondenz, correspondance géographique et astronomique, par de Zach. *Gotha*, 1800-2, fig., in-8, 6 vol. Las. éc.—Tables astronomiques, par **Jul. August. Koch**. *Berlin*, 1797, gr. in-8, cart. (*En allemand.*)

83. Ephemeris of the distances of the four planets Venus,
Mars, Jupiter and Saturn from the moon's center for 1823,
together with their places for every day in the years 1822-
1823, to which are annected tables for finding the latitude
by the Polar Star for 1823, calculated under the direction
of H. C. Schumacher. *Copenhagen*, 1821, br. in-4. —
Mém. sur les observations météorologiques faites à Franeker
en Frise pendant le courant de l'année 1779 , par J. H. S.
Van Swinden. *Amst.*, 1780.══Dissertatio physica et mathe-
matica de montium altitudine, accedit refractionis astronomicæ theoria ; auctore Henrico Damen. *Hagæ Com.*, 1783,
2 tom. 1 vol. in-8, bas. jas.

84. L'art de naviger perfectionné par la connoissance de la
variation de l'aiguille aimantée, où sont déduits cinq
moyens de trouver de combien et de quel côté le compas
manque en certains lieux à monstrer les véritables parties
du monde, composé par J. Denys, fig. *Dieppe*, 1666,
in-8 , vél.

85. Hydrographie, conten. la théorie et la pratique de toutes
les parties de la navigation, composé par le P. George
Fournier, cartes. *Paris*, 1667, in-fol., broché en 3 part.

86. L'art de naviger par les nombres dans lequel toutes les
règles de la navigation sont résolues ; avec la table des tangentes et secantes et celle des logarithmes ; par M. G. Denys. *Dieppe*, 1866, pet. in-8, d.-r. — Astronomie nautique ; par de Maupertuis. *Paris*, 1743, in-8, v. fau.

87. Traité complet de la navigation, par Bouguer, fig. *Paris*,
1706, in-4, bas. m. — Nouv. traité de navigation, contenant la théorie et la pratique du pilotage, par le même.
Paris, 1753, fig., in-4, v. j.

88. Nouv. traité de navigation, conten. la théorie et la pratique du pilotage ; par Bouguer ; revu et abrégé par La-
caille, fig. *Paris*, 1760 , in-8, v. m. — Astronomie des
marins (par le P. Pezenas), avec des tables astronomiques et des fig. *Avignon*, 1766, in-8, v. m.

89. Abrégé de navigation hist., théor. et pratiq., par Lalande,
fig. *Paris*, 1793, in-4, bas. m. (Hommage de M. Lalande à
M. Le Chevalier ; écriture et signature autographes de
l'auteur.) — Nouvelle voilure, proposée pour les vaisseaux de toutes grandeurs ; précédée de lettres à Franklin
sur la marine, par David Le Roy ; fig. *Paris*, 1801, in-8,
cart.

83   1   .   [illegible]

84   ann 86 u87 .

85   12   .   Martin [illegible]
86   ann 85 u 86

87   1   .   Michel

88   ann 8[illegible]

89   2 of   Labor

90
91   1   .   Merlin

92   2   of   (Corilian j)

93
      2   «   maze.
94

95   1   Corilian j

96   4 to   maze

90. The method of finding the longitude at sea, by time-keepers : to which are added, tables of equations to equal altitudes; by Will. Wales, fig. *Lond.*, 1794, in-8, cart. — Tables requisite to be used with the nautical ephemeris for finding the latitude and longitude at sea, published by order of the commissioners of longitude : the 2ᵉ edit. corrected and improved. *Lond.*, 1781, gr. in-8, v. éc.

91. Tables for facilitating the calculations of nautical astronomy, and particulary of the latitude of a ship at sea from two altitudes of the sun, and that of the distances of the moon from the sun or a star, and several other tables useful in astronomy and nagivation; by Jos. de Mendoza Rios. *Lond.*, 1801, fig., gr. in-4, bas. rac.

92. Application du système métriq. décimal à l'hydrographie et aux calculs de la navigation; moyens proposés pour en faciliter l'établissement et tables à cet usage; par C. P. Claret Fleurieu. *Paris*, 1800 gr., in-4, pap. vél. cart. — Mémorial topographique et militaire. *Paris*, 1803, fig., in-8, nᵒˢ 1, 2, 3 et 5, cartonnés.

93. The complete vavigator : or, an easy and familiar guide to the theory and practice of navigation, with all the requisite tables; illustrated with engravings; by And. Machay. *Lond.*, 1810, in-8, bas. fau. — The theory and practice of finding the longitude at sea or land; by And. Machay. *London*, 1815, in-8, 2 tom., 1 vol. rel. en pap. rou., dent. — The description ad use of the sidling gunter in navigation, by And. Machay, plates. *Leith*, 1812, in-8, pap. vél. cart., angl.

94. The new practical navigator, being a complete epitome of navigation : to which are added, all the tables requisite for determining the latitude and longitude at sea; by John Hamilton Moore; edit. enlarged and carefully improved, by Jos. Dession, fig. *Lond.*, 1810, in-8, bas. rac. — A new and complete epitome of practical navigation, to which added, a new and correct set of tables; by J. W. Norie; fig. *Lond.*, 1814, in-8, bas. m.

95. A complete set of nauticals tables; with several other new and improved tables, by J. W. Norie. *London*, 1813, gr. in-8, v. rac. — Table for determining the apparente time from observed altitudes of the son or a star. *Lond.*, 1818, gr. in-8, bas. rac., deux tables manuscrites ajoutées.

96. Problèmes d'astronomie nautique et de navigation, pré-

cédés de la description et de l'usage des instrumens et suivis
d'un recueil de tables nécessaires à la solution de ces problèmes; par C. Guéprate, fig. *Brest*, 1823, in-8, 2 tom., 1 vol.,
d.-r. — Règles de pointage à bord des vaisseaux, ou remarques sur ce qui est prescrit à cet égard dans les exercices de
1808 et 1811, suivies de notes; par Montgery. *Paris*, 1816,
in-8, cart. — Instruction des pilotes; avec une instruction
générale sur le pilotage; par Le Cordier. *Hâvre de Grâce*,
1763, in-12, 2 tom., 1 vol. bas. rac., fil.,

97. Guide des marins pendant la navigation nocturne, ou
descript. génér. des phares, fanaux, etc. construits pour la
sûreté de la navigation; par Coulier, fig. *Paris*, 1829, in-8,
br. — Rec. de tables utiles à la navigation; trad. de l'angl.
de J. W. Norie, précédé d'un traité de navigation pratique;
par P. A. Violaine, fig. *Paris*, 1815, gr. in-8, v. rac.

98. Cours d'observat. nautiques, conten. toutes les connaissances d'astronomie relatives aux différens problèmes de
navigation; par P. Ducom; fig. *Bordeaux*, 1820, bas. rac.

99. The nautical almanac and astronomical ephemeris, published by order of the commiss. of longitude, for the year
1771-1780, = 1793-1796, = 1805-1806, = 1820-1826.
London, 1769-1823, in-8, 22 vol., br.

100. The nautical almanach and astronomical ephemeris.
London, 1766, 1802, 15, 17, 18 et 19, 6 vol. in-8, rel.
et d.-r.

101. A Sexagesimal table, exhibiting, at sight, the result
of any proportion, where the terms do not exceed sixty mi-
nutes, also tables of the equation of second difference, and
tables for turning the lower denominations of english mo-
ney, weights, and measures into sexagesimals of the hig-
her, and vice versa; and the sexagesimal table turned into
seconds as far as he 1800 th. column, being a very useful for
astronomers, mathematicians, navigators, and persons in
trade, by Mich. Taylor. *London*, 1780, gr. in-4, v. rac.,
rel. angl. — Margett's longitude tables for correcting the
effect of parallax and refraction, on distance observed between the moon and the sun, or a fixed star, whereby the
true distance is accurately obtaind and the longitude from
Greenwich found by inspection. *London*, 1794, gr. in-fol.
v. rac., fil., rel. angl.

En tête de l'ouvrage il se trouve 4 pages manuscr. sur l'usage de
ces tables, et sur les variat. observ. entre M. Margett et M. Borda.

	2	70	Continued
97			
98	2	85	id
99	3	..	Dublin
100	1	"	id.
101	3	"	Maze

102	1	„	corilian
103	1	„	i‚›
104	2	„	Labor
105	4	40	Merlin (Chennefraing)
106	1	„	Corilion
107	3	50	Caupette
108	2	„	corilian
109	1	„	Dubin
105 Double	3	60	Labor

102. **Méthode universelle**, pour faire et décrire toutes sortes de cadrans et d'horloges; par Hume. *Paris*, 1640, fig., in-8, vél. — La gnomonique ou méthode universelle pour tracer des horloges solaires ou cadrans; par de la Hire, fig. *Paris*, 1698, in-12, v. jas. — La manière universelle de Desargues, pour poser l'essieu et placer les heures et autres choses aux cadrans au soleil, par A. Brosse, fig. *Paris*, 1643, gr. in-8, v. m., fil.

103. La gnomonique, où l'on donne par un principe général la manière de faire des cadrans sur toutes sortes de surfaces et d'y tracer les heures astronomiques; par Ozanam, fig. *Paris*, 1720, in-8, v. br. — La gnomonique, ou l'art de faire des cadrans; par Rivard, fig. *Paris*, 1767, in-8, bas. rac.

104. Méthode nouv. et générale pour tracer facilement des cadrans solaires sur toutes surfaces planes, principes et usages du compas et de l'art de vérifier les dates; par de la Prise, fig. *Caen*, 1772, in-8, bas. m. — Gnomonique graphique, ou méthode simple et facile pour tracer les cadrans solaires sur toutes sortes de plans; par Jos. Mollet, fig. *Paris*, 1815, in-8, d.-r.

105. La gnomonique pratique, où l'art de tracer les cadrans solaires; par Dom Fr. Bedos de Celles, fig. *Paris*, 1774, in-8, v. m., avec des notes détachées. J.

106. Almanach pour trouver l'heure par tous les degrés de hauteur du soleil, pour l'année 1790 (par de Cassini). = Lettre de Mme D**** à M. de Cassini. *Paris*, 1770. — Réponse à la lettre de Mme D****=Descript. d'un instrument pour prendre hauteur et trouver l'heure vraie sans aucun calcul; par Cassini de Thury. *Ibid.*, in-4, 1 vol., d.-r.

> La réunion de ces pièces est très rare.

107. Entretiens sur l'horlogerie à l'usage de la marine; par Louis Bertrand. *Paris*, 1812, in-12, d.-rel. — L'art de conduire et de régler les pendules et les montres; par Ferd. Berthoud, fig. *Paris*, 1805, in-12, bas. rac. — Etrennes chronométriques pour les ann. 1810 et 1811; par Antide Janvier. *Paris*, 1810-1811, 2 vol. in-18, bas et d.-r.

108. Cours de mathématiques; par Bézout, arithmétique, géométrie et algèbre, mécanique et navigation, fig. *Paris*, 1764 et 69, in-8, 6 vol., v. j. fil, d. s. tr·

109. Cours élém. et complet de mathématiques pures, rédigé par La Gaille, augm. par Marie et éclairci par Théveneau,

fig. *Paris*, 1799, in-8, bas. rac. — Élémens d'arithmétique, d'algèbre et de géométrie, avec une introduction aux
sections coniques; par J. M. Mazéas, fig. *Paris*, 1788,
in-8, bas. rac. — Traité élém. du calcul différentiel et du
calcul intégral; par P. S. Lacroix, fig. *Paris*, 1802, in-8,
bas. rac.

110. The young mathematician's guide : being a plain and
easy for the mathematicke, edition carefully corrected; by
John Ward. *Lond.*, 1754, in-8, v. j., r. angl. — Sherwin's
mathematical tables, with the explication and use prefix'd
edition carefully revised and corrected , by Will. Gardiner.
Lond., 1741, gr. in-8, v., rel. angl. à comp.

111. Table des diviseurs pour tous les nombres du 5ᵐᵉ mil-
lion, ou plus exactement, dep. 2,028,000 à 3, 036,000,
avec les nombres premiers qui s'y trouvent; par J. Ch.
Burckhardt. *Paris*, 1816, gr. in-4, br., (don de l'auteur
à M. le Chevalier.) — Tables des quarrés et des cubes, et de
leurs racines; par C. Seguin l'aîné. *Paris*, 1801, in-8, d.-r.

112. Tables portatives de logarithmes; par Franç. Callet.
Paris, 1795, in-8, v. rac. de coul., dent. — Tables de logarithmes (par l'abbé Marie). *Paris*, 1792, p. in-8,
bas. rac.

113. Élémens d'Euclide, du P. Déchalles et d'Ozanam, dé-
montrés d'une manière nouvelle et augm. de nouvelles pro-
positions, par Audierne, fig. *Paris*, 1777, in-12, bas.
m. — Usage du compas de proportion; par Ozanam. fig.
Paris, 1748, in-12, v. m. — La trigonométrie rectiligne
et sphérique, avec les tables des sinus, tangentes et secantes
et les tables des logarithmes des sinus et des tangentes, par
Ozanam. *Paris*, 1765, in-8, bas. m.

114. Quattro libri geometrici di Silvio Belli Vicentino, il pri-
mo del misurare con la vista, gli altri sono della propor-
tione et proportionalità communi passioni del Quanto.
Venetia, 1595, fig., in-4, vél. —Trattado de la geometria
practica, trigonometria, y uso de la regla de proportion,
por Don Sebast. Fernandez de Medrano, fig. *Brusselas*,
1687, p. in-8, d.-r.

115. Géométrie pratique de M. Sauveur, in-4, v. m. *Manuscrit de l'auteur dans lequel il a réuni toutes les planches grav.
par Daigremont, en noir et au lavis, pour l'impression.*

116. Élém. de géométrie, avec un abrégé d'arithmétique et
d'algèbre, par Rivard, fig., *Paris*, 1739, in-4, v. m. —

110
111   } 3 of   Corinthians?

112   7 "   Arithoe

113   1 "   (Vaudoy)

114   1 "   Corinthian

115
116   } 2 87   maze

117	4	"	Comus
118	1	50	Vendion
119	1	"	
120 }			
	1	"	Vendion
121 }			
122	4	"	Maze
123	4	20	Coriolan
124	14	"	Martin (bayo)
124 1er Double			
au mois 2	2	"	Coriolan

Leçons de géométrie théoriq. et pratiq., par Mauduit, fig. *Paris*, 1790, in-8, bas. rac.

117. Géométrie du compas; par L. Mascheroni, trad. de l'ital. par A. M. Carrette, fig. *Paris*, 1798, in-8, bas. — Usage du compas de proportion, suivi d'un traité de la division des champs, revu, corrigé et entièrement refondu par J. G. Garnier, fig. *Paris*, 1794, in-12, v. rac.

118. Rec. de problèmes résolus par des considérations purement géométriques. *Paris*, 1801, fig., in-8, bas. rac. — Traité simple et concis de géométrie pratique, applicable au mesurage de toute espèce d'ouvrages de bâtiment; par Denuelle, fig. *Paris*, 1815, gr. in-4, cart.

119. Traité de trigonométrie par Cagnoli, trad. de l'ital. par Chompré, fig. *Paris*, 1786, in-4, v. éc.

120. Geometrical and graphical essays, containing a general description of the mathematical instruments used in geometry, with many new practical problems, illustrated by thirty four copper plates; by G. Adams : edit. corrected and enlarged by Will. Jones. *Lond.*, 1803, in-8, v. rac.

121. Géométrie de l'arpenteur, par Doyen, fig. *Paris*, 1769, in-8, bas. m. — Manuel de l'arpenteur; par N. Ginet. *Paris*, 1770, fig., in-8, v. m. — Les règles du dessin et du lavis; par Buchotte, fig. et plans. *Paris*, 1745, in-8, bas. m.

122. Traité du nivellement, par Picard; in-4, d.-r. — Essai sur le nivellement (par Busson Descars). *Paris*, 1805, fig., in-8, d.-rel. — L'art de lever les plans; par Dupain de Montesson, figures. *Paris*, 1763, in-8, d.-r. — La levée des plans et l'arpentage rendus faciles, par Soulas, fig. *Paris*, 1812, in-18, bas. rac.

123. Manuel de l'ingénieur du cadastre; par Pommiés, précédé d'un traité de trigonométrie rectiligne; par A. A. L. Reynaud. *Paris*, 1808, fig., in-4, bas. rac. — Traité de topographie, d'arpentage et de nivellement, par L. Puissant; fig. *Paris*, 1807, in-4, bas. rac. — Cours complet de topographie et de géodésie, par P. M. N. Benoît, fig. *Paris*, 1822, in-8, d.-r.

124. Cours complet de topographie, par Alex. Moitte. *Paris*, 1806, fig., in-fol. obl., v. porph., dent. bords et bord. *On a ajouté à l'exempl. 8 planches dessinées et lavées. Et modèles des teintes*; in-fol., v. dent. — Mémoire sur le figuré des terrains dans les cartes topographiques; 1822, in-8, br.

125. Mémoires sur la projection des cartes géographiques; par
Henry. *Paris*, 1810, cartes, in-4, d.-rel. — Exposé des
méthodes employées pour lever et construire les cartes et
plans du Voyage de Dentrecasteaux; par C. F. Beautems-
Beaupré, cart. et fig., in-4, d.-r.

126. Nouv. tables loxodromiques ou application de la théorie
de la véritable fig. de la terre, à la construction des cartes
marines réduites; par Murdoch, trad. de l'angl. par de
Brémond; fig. *Paris*, 1742, in-8, mar. rou., fil., tr. dor.

127. Métrologie, ou traité des mesures, poids et monnaies;
par Paucton. *Paris*, 1780, in-4, v. éc., fil. — Métrologie
française, ou traité du syst. métrique, conten. des tables
comparatives des anciennes mesures avec celles qui les rem-
placent, un barême décimal, précédé d'un discours sur le
système en général; par Brillat, fig. *Paris*, 1802, in-8,
d.-r. — Rapport des nouv. poids et mesures avec ceux de
tous les pays, par Soulet. *Paris* (s. d.), in-8 oblong. —
Manuel élémentaire des poids et mesures et du calcul décimal, avec la nouv. nomenclature, par S. A Tarbé. *Paris*,
1804, in-18, bas. rac. — Dissertacion sur las medidas mi-
litares, que contiene la razon de preferir el uso de las na-
tionales al de las Forestieras; escrita por Don Pedro de La-
caze. *Barcelona*, 1773, p. in-4, bas. rac.

128. Recréations mathématiq. et physiques, par Ozanam;
édit. refondue et considérabl. augm. par M. de M**** (Mon-
tucla) *Paris*, 1790, fig., 4. vol. in-8, bas. m. — Amuse-
mens mathématiques (par And. Jos. Panckouke). fig. *Lille*,
1749, in-12, v. m.

129. Histoire et description du muséum royal d'histoire naturelle; par Deleuze. *Paris*, 1823, fig., 2 vol., gr. in-8,
bas. rac.

130. Considérations sur les êtres organisés; par J. C. Delamé-
therie, fig. *Paris*, 1804, 2 vol., in-8, rel. pap. mar.
r. fil.

131. Nouv. découvertes faites avec le microscope, par Tuberville
Needham, trad. de l'angl. avec un mém. sur les polypes à
bouquet, par A. Trembley, fig. *Leyde*, 1747, in-12, fig., v.
m. — Osservazioni microscopiche sulla tremella e sulla
circolazione del fluido in una pianta acquajuola, dell'Abate
Corti. *Lucca*, 1774, fig. in-8, d.-r.

132. Nouv. observat. microscopiques, par Needham (trad.
par Lavirotte), avec fig. *Paris*, 1750, in-12, v. m.

125   S   .   corilian

126 }
127 }   1   80   r.

128 .   15   So   Meilhac

129

130   1   r

131   8   of   Milhac

132   9   of   iD

133	15	„	Mustroe
134	4	60	id
135	4	„	Reygravit
136	8		id
137	5	4	id
138	6	„	id
139	13	„	Mertin (Jenneftamy)
140	4	50	Casilie
137	1° 2	„	— · V
137	1° 2	„	

133. Essai sur l'art d'employer les instrumens microscopiques avec utilité et plaisir dans la saison du printems, par l'auteur des amusements microscopiques (Ledermuller), trad. de l'allem. par J. C. Harrepeter, fig., col. *Nuremb.*, 1764, gr. in-fol., d.-r.

134. Théorie de la surface actuelle de la terre; par André, connu cidev. sous le nom du P. Chrysologue. *Paris*, 1806, in-8, rel. en pap. mar., fil.

+**135.** Renouvellemens périodiques des continens terrestres; par Louis Bertrand. *Paris*, 1800, fig., in-8, d.-r. — Essai de géologie, pour servir à l'hist. nat. du globe; par B. Faujas de S. Fond. *Paris*, 1803, fig., in-8, bas. rac. — Hist. des anciennes révolut. du globe terrestre, avec une relation chronolog. des tremblem. de terre (trad. de Sellius, par l'ab. Sépher), fig. *Paris*, 1752, in-12, v. m.

+ **136.** Istoria de' fenomeni del tremoto avvenuto nelle Calabrie, e nel Valdemone nell' anno 1783, *Napoli*, 1784, gr. in-4, rel. en carton.—Viaggio geologico per diverses parti méridionali dell' Italia esposto in lettere di Trimenegildo Pini, fig. *Milano*, an. 1° della repub. ital., in-8, cart.

+ **137.** Hist. natur. des volcans, comprenant les volcans soumarins, ceux de boue et autres phénomènes analogues; par C. N. Ordinaire. *Paris*, 1802, in-8, bas. rac. — Storia generale dell' Etna che comprende la descrizione di questa montagna : la storia delle sue eruzioni, e dei suoi fenomeni che può servire alla storia dei volcani; dall' ab. Ferrera, fig. *Catania*, 1793, in-8, v. rac.

+**138.** Hist. des phénomènes du Vésuve exposés par le P. Dom Jean Marie de la Torre; avec 11 planches. *Naples*, 1771, in-8, rel. pap. v., fil. — Observations on mount Vesuvius, mount Etna, and other volcanos, by W. Hamilton. *Lond.*, 1772, cart, in-8, d.-rel. — Saggio di litologia Vesuviana, dal Gius. Gioeni. *Napoli*, 1790, gr. in-8, bas. m., allem.

+**139.** Recherches sur les volcans éteints du Vivarais et du Velay; avec un discours sur les volcans brûlans, par Faujas de Saint-Fond, avec fig. *Grenoble*, 1778, gr. in-fol., v. éc.   j

140. Essai sur la théorie des volcans d'Auvergne; par le chev. de Reynaud de Montlosier. *Paris*, 1802, in-8, d.-r — Observat. sur les volcans de l'Auvergne, suivis de notes sur

divers objets; par Lacoste. *Clermont*, 1803, in-8, bas.
rac., fil. — Lettres minéralog. et géologiq. sur les volcans
d'Auvergne, par Lacoste. *Clermont*, 1805, in-8, bas. rac.
Hommage de l'auteur. — Du Cantal , du basalte et des anc.
révolut. de la terre; par le comte de Montlosier. *Clermont-
Ferrand*, 1834. = Le Mont Dore; de sa composit., de sa
formation , de son origine; par le même. Ibid, 1834. =
Conjectures sur la cause apparente des eaux sur notre
globe; par Eus. Salverte. *Paris*, 1799, et 5 autres pièces,
8 broch., in-8.

141. Essai géologique et minéralog. sur les environs d'Issoire,
et principal. sur la montagne de Boulade, avec la description et les fig. lithographiées, des ossemens fossiles qui y
ont été recueillis , par **J. S. Devèze de Chabriol**, et **J. B.
Rouillet.** *Clermont-Ferrand*, 1827, gr. in-fol., d.-r.

142. L'histoire naturelle éclaircie dans une de ses parties principales, l'oryctologie ; enrichie de fig., par M****. *Paris*,
1755, gr. in-4, v. fau., fil.

143. Recherches sur les ossemens fossiles de quadrupèdes,
où l'on rétablit les caractères de plusieurs espèces d'animaux que les révolutions du globe paraissent avoir détrui-
tes, par Cuvier, fig. *Paris*, 1812, 4 vol. in-4, v. rac.

144. Minéralogie, contenant les caractères qui servent à recon-
naître les minéraux et à les distinguer les uns des autres;
avec des planches en taille douce, par J. B Pujoulx. *Paris*,
1813, in-8, v. rac. — Manuel du minéralogiste et du géo-
logue voyageur, par C. P. Brard; fig. *Paris*, 1805, in-12,
bas. rac., fil.

† 145. Osservazioni mineralogiche sul la miniera di ferro di
Rio ed altre parti dell' isola d'Elba, di Ermenegildo Pini.
Milano , 1777, fig. et cart. in-8, cart.

146. Essai sur l'action de la lumière solaire dans la végétation;
par Jean Senebier. *Genève*, 1788, in-8, d.-r. — Experi-
mentos y observaciones sobre los sexos y fecundacion de las
plantas : por Don Antonio de Marti. *Barcelona*, 1791,
in-8, rel. en cart., fil.

147. Caroli à Linne systema vegetabilum secund. classes, ge-
nera, ordines; species cum characteribus et differentiis;
editio accessionibus et emendationib. novissimis manu auc-
toris scriptis adornata à Joan. And. Murray. *Gothingæ*,
1774, in-8, v. j. — Joan. Danielis Leers Flora herbornen-
sis exhibens plantas circa Herbornam Nassoviorum crescen-

141   14 50   cartionj

142   2   „

143

144   2   80

145   3   .   [illegible]

146   1   .   Mutluu

147   1   .   :)

2 vol. dont manuel du miner. Brais —
                1

148   5   95

149   3   "   Murcia

150   4   60

1   5   10   Meïbran

2   27   50   ;d

3   5   .   ;9

4   5

5   1

6   2   30

tes , secund. systema sexuale Linnænum distributas , cum
descriptionib. rariorum et iconibus. *Herbornæ Nasseio-
rum* , 1775 , in-8 , vél.

148. Principes de Botanique expliqués par Ventenat, fig.
Paris, 1795, in-8, bas. j. — Glossaire de botanique, ou
dictionn. étymologique de tous les noms et termes relatifs
à cette science; par Alexandre de Théis. *Paris*, 1810 , in-8 ,
v. rac. — Tableau de l'école de botanique du muséum
d'hist. naturelle; par M. Desfontaines. *Paris*, 1804, in-8,
d.-r.

149. Méthode signalementaire pour servir à l'étude du nom
des plantes; par Louis Lefebure, accompagnée des tablettes
mobiles. *Paris*, 1814 , in-8, d.-r. — Système floréal. Flore
française, 750 genres; par M. Lefebure, figures lithographiées. *Paris*, 1821 , in-8, en feuilles.

150. Dictionnaire élémentaire de botanique, par Bulliard;
nouv. édit. rev. et corr. par l'auteur, 10 pl. coloriées. *Paris*,
1797 , in-fol. v. rac., fil., d. s. tr.

151. Joh. Scheuchzeri Agrostographia, sive graminum, Jun-
cor. cyperorum , cyperoidum usque affinium historia.
Tiguri, 1775, fig., in-4, v. m. — Histoire des conferves
d'eau douce, suivie de l'histoire des trémelles et des ulves
d'eau douce, par Jean Pierre Vaucher; fig. *Genève*, 1803,
in-4, d. r.

152. Description des plantes cultivées dans le jardin de J. M.
Cels, avec fig.; par E. P. Ventenat. *Paris*, 1800-1803, gr.
in-fol., pap. vél., 2 vol., porph. dent., b. bord., d. s. tr.

153. Flora Parisiensis, ou description et figures des plantes
qui croissent aux environs de Paris, etc., par Bulliard;
ouvrage orné de 640 fig. coloriées d'après nature. *Paris*,
1776-1783, 6 vol in-8, v. rac., fil.

154. Flora Rossica, seu stirpium imperii Rossici per Europam
et Asiam indigenarum descriptiones et icones, edidit P. S.
Pallas. *Petrop.*, 1788, gr. in-fol., d.-r. *Tom. prim. pars
secunda.*

155. Nouvelles observations physiques et pratiques sur le jar-
dinage et l'art de planter, avec le calendrier des jardiniers,
traduit de l'anglais de Bradeley (par de Puisieux), fig. *Paris*, 1756, 3 vol. in-12, v. m. — Discours sur la vie de la
campagne et la composition des jardins, par And. de La-
borde. *Paris*, 1808, in-8, d -r.

155. Essai physique sur l'économie animale, par Quesnay.

Paris, 1747, 3 vol. in-12, mar. r., aux armes de la duchesse de Pompadour.

157. Histoire des animaux d'Aristote, avec la traduction française, par Camus. *Paris*, 1763, in-4, 2 vol., v. fau.

158. Joh. Lathami systema ornithologiæ; edit. nova locupletata curis et operâ Eligii Johanneau. *Paris*, 1809, in-12, d.-r.

159. Tableau des aranéides, par M. C. A. Walckenaer; fig. *Paris*, 1805, gr. in-8, d.-r.

160. Galeni librorum (græcè), pars secunda. *Basil.*, 1538, in-fol., vél.

161. Cranologie, ou découvertes nouvelles de F. J. Gall, concernant le cerveau, le crâne et les organes, traduit de l'allemand. *Paris*, 1807, portr., in-8, d.-r. — Recherches sur les propriétés des eaux du Mont-d'Or, par Mich. Bertrand; fig. *Paris*, 1810, in-8, bas. rac.

162. Le guide de l'artiste et de l'amateur, contenant une trad. nouvelle du poème de la peinture de Dufresnoy, par Kératry. *Paris*, 1824, in-12, bas. rac. — Manière de bien juger les ouvrages de peinture, par Laugier, *Paris*, 1771, in-12, v. m. — L'école d'Uranie ou l'art de la peinture, trad. du latin d'Alphonse Dufresnoy et de l'abbé de Marsy, avec des remarques, par Meunier de Querlon. *Paris*, 1753, in-12, v. m.

163. Œuvres complètes du chevalier Jos. Reynolds, trad. de l'italien, par Jansen; portrait. *Paris*, 1806, 2 vol. in-8, d.-r. — Théorie du paysage, ou considérations générales sur les beautés de la nature que l'art peut imiter, par J. B. Deperthes. *Paris*, 1818, in-8, d.-r.

164. De la manière de graver à l'eau forte et au burin, et de la gravure en manière noire, par Abraham Bosse; édition augmentée (par Cochin fils), enrichie de vignettes et de 21 planches. *Paris*, 1758, in-8, v. m. — Description et usage du pantographe, par Lemel; fig. (*Paris*, 1744,) in-4, d.-r. — Les règles du desscin et du lavis, par Buchotte; fig. *Paris*, 1722, in-8, v. m., fil. — Traité de perspective où sont contenus le fondemens de la peinture, par le P. Bernard Lamy; fig. *Paris*, 1701, in-8, v. fau.

165. L'art de dessiner, par Jean Cousin. *Paris*, s. d., br. in-4, oblong. — Abrégé d'anatomie accomodé aux arts de peinture et de sculpture, par Franç. Tortebat. *Paris*, 1760, in-fol., d.-r.

157	14	60	Mithac
156	2	"	ortain
159	5	60	Mithoe
160	1	60	Rogsin
161	2	20	Mithau
2	2	25	ortain
3	1	60	mertin
4	1	40	Matthin
5	1	60	Souget

166   3   80   Difference

167 1°   4   of
167 2°   3   So   Difference

168   33 So   Torgues

169   4   10   Martin Roman

170   6

171   7   So

166. L'art du dessin démontré d'une manière claire et précise par Jean Cousin, revu, corrigé et augmenté d'après les ouvrages de ce maître; par P. T. Leclerc; 24 planches. *Paris*, (s. d.), in-fol., cart. — Anatomie accommodée aux arts de peinture et de sculpture, par Roger Depiles, connu sous le nom de Tortebat; édition augmentée et exécutée dans le goût du crayon; par Leclerc, peintre. *Paris*, (s. d.), gr. in-fol., cart. — Perspective théorique et pratique, par Ozanam; fig. *Paris*, 1720, in-8, bas. m.

167. Les proportions du corps humain, mesurées sur les plus belles figures de l'antiquité, par Gérard Audran; 30 pl. *Paris*, 1801, gr. in-fol., d.-r. — Anatomie du corps humain, à l'usage des peintres, grav., par Legrand, avec l'explication sur les planches au nombre de trois. == Trente autres planches d'étude de chevaux de différens pays, d'après Vernet et autres, et de leur anatomie; le tout 1 vol. in-fol., atlant. oblong., d.-r.

+ 168. Anatomie du gladiateur combattant, applicable aux beaux-arts; ouvrage orné de 22 planches, par Jean Galbert Salvage. *Paris*, 1812, in-fol., pap. colombier, d.-r., des mar. et pap. rou. *Perr. 30*

   On a conservé le prospectus et joint une figure du Gladiateur in-8.

169. Notices histor. sur les anciennes académies de peinture et sulpture de Paris, et sur celle d'architecture; par Deseine. *Paris*, 1814, in-8, bas. rac. — Observations sur les grands peintres, avec un précis de leur vie, par Taillasson. *Paris*, 1807, in-8, d.-r. — Dictionnaire des peintres espagnols, par F. Quilliet. *Paris*, 1816, in-8, bas. rac. — Explication des tableaux de la galerie de Versailles et de ses deux salons, par Rainssant. *Paris*, 1687, in-4, v. br. == Traité théorique et pratique sur l'art de bâtir, par Jean Rondelet. (Introduction : serrurerie.) *Paris*, 1829 et 1830, fig. 2 broch. gr. in-4, etc.

170. Traité des pratiques géométrales et perspectives, enseignées dans l'académie royale de la peinture et sculpture, par A. Bosse; fig. *Paris*, 1665, pet. in-8, mar. bl., fil., tr. dor.

171. Traité de perspective à l'usage des artistes, par Edm. Séb. Jeaurat; avec fig. *Paris*, 1750, in-4, v. m.

   Outre les planches des cinq ordres qui manquent dans beaucoup d'exemplaires, on a ajouté une notice succincte des ouvrages de

M. Jeaurat, sa correspondance avec le bureau des longitudes du 13 germinal an VIII au 19 floréal an IX inclusivement.

172. Traité de perspective théorique et pratique, par l'abbé Deidier; corrigé et augmenté. *Paris*, 1770, fig., in-4, bas. rac. — Moyens pour accourcir les opérations de la perspective, par La Hire; 6 planches. *Paris*, 1790, in-4, cart., d.-r.

173. Cours graphitechnique des sciences et arts. Perspective, par P. F. Janinet. *Paris*, 1799, fig., pap. vél., in-fol., cart. — Elémens de perspective pratique, à l'usage des artistes, par P. H. Valenciennes; fig. *Paris*, 1800, in-4, bas. rac. — Raisonnement sur la perspective, pour en faciliter l'usage aux artistes, par M. Petitot; fig. *Paris*, 1803, in-4, cart.

†174. Les images ou tableaux de platte peinture des deux Philostrates, et les statues de Callistrate, mis (du grec) en françois, par Blaise de Vigenere; enrichis d'argumens, annotations; revus et corrigez sur l'original grec, par Artus Thomas, Sieur d'Embry; fig. *Paris*, 1629, in-fol., v. fau., fil.

175. Colleccion de las principales suertes de una corrida de Toros. *Venecia*, 1803, in-fol. oblong. d.-r.

176. Recueil d'estampes; savoir :

> Vue de Saint-Pétersbourg, peinte d'après nature par le Prince, gravée par J. P. le Bas; 1778.
>
> Vue d'un costé du port d'Echelle au Levant, peinte par Vernet, gravée par J. Fr. Aveline.
>
> Vue des environs de Lisbonne et du grand aqueduc traversant la rivière d'Alcantara, peinte par Noël, gravée par J. Mathieu.
>
> Plan du combat naval entre la flotte russe et celle des Ottomans, du 5 juillet 1770.
>
> Tempête, gravée d'après le tableau original de Vandervelde, par C. Norton.
>
> Temps orageux, gravé d'après Vernet, par Aliamet.
>
> Vue de Gênes, dessinée par Cassas, gravée par F. Hegi, imprimée par Schweizer, à Bâle.
>
> Le choix du poisson, peint par J. Vernet, gravé par Yves Le Gouaz.
>
> Melpomène, dessinée par Cranger, et lithographiée.

172   B   of   [illegible]

172   8   of   [illegible]

174   6   So   [illegible] ([illegible])

175   2   ..   [illegible]

176   ....

177	4	"	
178	2	"	
179	2	"	
180	23	50	Austin
181	7	"	Austin (Bernard)
182	9	"	Austin
183	2	"	Eyssès
184	3	"	
185	1	90	

Louis-Philippe Ier, roi des Français, imp. lith.
de Delpech.

Les trois dernières pièces détachées, mais placées en tête du
recueil.

477. Œuvres de Karle du Jardin, contenant des animaux et
paysages (52 sujets en 25 planches), dessinés et gravés à
l'eau forte par lui-même. *Paris*, 1802, in-fol., cart. =
Dans le même volume on a ajouté en tête : A Drawing book
of cattle, taken from the best Masters, engraved by Merigot
(14 sujets). *Paris*, 1792, 2 cahiers in-4.

178. 31 sujets dessinés et gravés par Vander Meulen, dont
2 gravés à l'eau forte, par J. D. Bertaux, représentant le
marché aux chevaux et le haras, et terminés au burin par L.
J. Allais, et coloriés; gr. in-fol. obl., d.-r.

179. Douze planches d'esquisses anglaises gravées pour les
écrits de sir Walter-Scott, publiées à Londres par Colnaghi,
en juin 1821; in-fol. obl., dos de mar. et plats de pap.
mar. r.

180. Cours d'études de paysages ou choix des plus belles fa-
briques et vues d'Italie, avec arbres, plantes, rochers, terrains, etc., dessinés et gravés dans la manière du crayon, par
J. Marchandet, la vignette du titre par Malbeste. *Paris*, in-
fol. colomb., dos mar. et plat pap. mar. r.

181 Wiew of the levant, particulary of Constantinople, Syria,
Egypte and Greece, by Ch. Perry; with plates. *London*,
1743, in-fol., d.-r. non rogné.

182. Tableaux topographiques, pittoresques, physiques, historiques, moraux, politiques et littéraires de la Suisse;
estampes. *Paris*, 1780, gr. in-fol. couvert en toile.

183. Vues Topographiques recueillies dans un voyage au
Levant par M. de Hammer. *Vienne*, 1811, fig., pet. in-4,
v. rac., fil. (*Texte allemand,*)

Avec des notes manuscrites détachées.

184. Marine militaire, ou recueil des différens vaisseaux qui
servent à la guerre, suivi des manœuvres qui ont le plus de
rapport au combat, ainsi qu'à l'attaque et à la défense des
ports, par Ozanne l'aîné; 50 planches. *Paris*, s. d., in-4,
d.-r. — Collection de vaisseaux de ligne et marchands,
français, napolitains, espagnols, portugais, etc.; 72 planches dessinées et gravées par Beaugean, in-4 obl., d.-r.

185. Le nouveau livre des cinq ordres d'architecture, par Jacq.
Barozzio Vignole. *Paris*, 1781, 40 pl. in-fol., d.-r.

186. L'architecture pratique, par Bullet; fig. *Paris*, 1732, in-8, v. j. — Traité d'architecture pratique, par J. F. Monroy; fig. *Paris*, 1785, in-8 cart. — Elémens d'architecture, de fortification et de navigation, avec un vocabulaire des termes, en français et en anglais, par M. P. D. L. F. (M. Papillon de la Ferté); fig. *Paris*, 1787, in-8, rel. en pap. — Etudes de fragmens d'architecture, gravées à la manière du crayon, dessinées et mises au jour par Jean Augustin Renard. *Paris*, 1785, in-fol., format d'atlas.

187. Recueil et parallèle des édifices de tout genre anciens et modernes, remarquables par leur beauté, par leur grandeur, ou par leur singularité, et dessinés sur une même échelle, par J. N. L. Durand; avec un texte par J. G. Legrand. *Paris*, 1800, pap. gr. monde, in-fol. obl., cart.

188. Description du théâtre de Marcellus à Rome, rétabli dans l'état primitif, par A. L. T. Vaudoyer ; fig. *Paris*, 1812, gr. in-4, v. rac., fil. — Plan, coupe et élévation du palais de l'Institut impérial de France, par A. L. T. Vaudoyer, avec fig. *Paris*, 1811, in-8, cart. — Maison d'un cosmopolite, par Vaudoyer; planches coloriées. = Plan, élévation et coupe d'un projet pour le monument à élever à la gloire de la grande armée, sur l'emplacement de la Madeleine, par le même ; fig. col. *Paris*, 1807, 2 part. in-8, cart.

189. Il nuovo teatro delle fabriche, et edificii in prospettiva di Roma moderna, date in luce da Gio. Jacomo Rossi, libro 1°, 55 icon. da Gio. Batt. Falda; lib. 2°, 17; lib. 3°, 38; lib. 4°, da Alessandro Specchi, 52; lib .5°, con direzzione e cura di Gio. Domenico Campiglia, 30. *Roma*, 1665-99 et 1759, 5 part., 1 vol. in-fol. obl., d.-r.

190. L'anfiteatro Flavio descritto e delineato dal Caval. Carlo Fontana. *Haia*, 1725, in-fol., atlant., pap. d'Holl., d.-r., coins en parch.

191. Restitution des deux frontons du temple de Minerve, à Athènes, avec trois planches; par Quatremère de Quincy. *Paris*, 1825, in-fol.; cart.

192. Plans, descriptions et vues en perspective, des édifices érigés en Angleterre et en Ecosse, suivis d'un essai sur l'architecture grecque, romaine et gothique, avec des dessins illustratifs, par Rob. Mitchell. *Londres*, 1801, in-fol. atlas, cart. angl.

193. Mémoire sur la digue de Cherbourg, comparée au Brea

-186   4 .80

157

.88 ..   5   "

189

190   2 80

191.   1 50

192   7 ..   defloreence

193   5 of   Carolionj..

194 } 1 of
195 }

196   5   "

197   con le n° 200

198   3   50
199   18   .   Martin Calef.
200   2   80   dubra

...   331   ,   Bianchi .

Kwater ou jetée de Plymouth, par J. M. F. Cachin; cartes. *Paris*, 1820, gr. in-4, d.-r. — Travaux des ponts-et-chaussées depuis 1800, ou tableau des constructions neuves, faites sous le règne de Napoléon 1er, par M. Courtin. *Paris*, 1812, in-8, bas.-rac.

194. Sur l'art de fabriquer le flint-glasse, par M. d'Artigues. *Paris*, 1811, in-8, cart.

195. Méthode de Jean Carstairs, ou l'art d'apprendre à écrire en peu de leçons, traduite de l'anglais, et accompagnée de 26 planches. *Paris*, 1828, broch. in-8, et 4 broch. sur l'enseign. mutuel, etc.

BELLES-LETTRES.

196. Substance of lectures on the ancient Greeks, and on the revival of greek learning in Europe, by And. Dulzel. *Edimb.*, 1821, gr. in-8, pap. vél., cart. angl. — Abrégé du cours de littérature de J. F. de la Harpe, publié par René Perin. *Paris*, 1821, in-12, 2 vol., bas. rac.

197. Principes de grammaire générale, par M. Silvestre de Sacy. *Paris*, 1803, in-12, bas. rac. — L'art d'apprendre les langues, par M. Weiss. *Paris*, 1808, in-8, d.-r. — A method of making abridgments, or easy and certain rules for analysing authors, by the abbé Gaultier. *London*, 1800, portrait, in-4, cart.

198. Amb. Calepini dictionarium octolingue, adornatum à Joanne Lud. de la Cerda. *Lugd.*, 1663, in-fol., v. br.

199. Parallèle des langues de l'Europe et de l'Inde, par F. G. Eichhoff. *Paris*, 1834-1836, gr. in-4, pap. vél., br., 2 vol.

200. Simplification des langues orientales, par C. F. Volney. *Paris*, 1775, in-8, d.-r. — Joann. Franc. Hottingeri grammatica quatuor linguarum hebraicæ, chaldaicæ, syriacæ et arabicæ harmonica. *Heidelbergæ*, 1659, in-4, vél.

201. Francisci a Mesgnien Meninski thesaurus linguarum orientalium, præsertim turcicæ, arabicæ et persicæ, cum in-

terpretatione latina, germanica, italica, gallica et polon. *Viennæ-Austriæ*, 1680. == Ejud. complementum thesauri linguarum orientalium. *Ibid.*, 1687, 4 vol. in-fol., vél. d. s. tr. (*Le vol. complémentaire plus court.*)

> Il manque : Linguarum orientalium institutiones. *Viennæ-Aust.*, 1680.
> Quelques feuilles encadrées et piquées dans les marges au commencement et à la fin du 3me vol.

202. Grammaire hébraïque en tableaux, par P. G. Audran. *Paris*, 1805, in-4 obl., rel. en cart. — Grammaire arabe en tableaux, par P. G. Audran. *Paris*, 1805, in-4 obl., d.-r.

205. Johan. Buxtorfii Lexicon chaldaicum, talmudicum et rabbinicum, in lucem editum a Johanne Buxtorfio filio. *Basil.*, 1640, in-fol., v. br.

204. Lexicon hebraico chaldaico-latino-biblicum, à P***. F. Carmelita excalceato contextum. *Lugd.*, 1770, portrait, gr. in-fol., v. rac.

205. Racines hébraïques sans points ni voyelles, ou dictionnaire hébraïque par racines, (par le P. Houbigant.) *Paris*, 1752, in-8, bas. jas.

206. Th. Erpenii grammatica arabica cum fabulis Lockmanni, etc. Accedunt excerpta anthologiæ veterum arabiæ poetarum quæ inscribitur Hamasa Abi Temmam edita, conversa et notis illustrata ab Alb. Schultens. *Lugd.-Bat.*, 1767, in-4, porph., v. fil.

207. Développemens des principes de la langue arabe moderne, par A. J. F. Herbin. *Paris*, 1803, gr. in-4, cart.

208. Joan. Willmet lexicon linguæ arabicæ in Coranum Haririum et vitam Timuri. *Lugd.-Batav.*, 1784, gr. in-4, bas. rac.

209. Francisci a Mesgnien Meninski institutiones linguæ turcicæ, cum rudimentis parallelis linguarum arabicæ et persicæ, editio altera methodo linguam turcicam suo marte discendi aucta, curante Adamo Franc. Kollar. *Vindobonæ*, 1756, in-4, 2 vol., v. r.

210. Elémens de la grammaire turke, par M Jaubert. *Paris*, 1823, in-4, br.

211. Tractatus de elementorum græcorum pronuntiatione, auctore Anastasio Georgiade, gr. lat. *Parisiis*, 1812, in-8, d.-r. — Nouvelle méthode pour apprendre facilement la

202   2 of   p.

3   24 „   Manche

4   6 So

5   4 of

6   4 of

7   13 So

8   21 So   labitte

9   15 So

310   9 „   lector Bossaup

1   1 60

~~5~~

20 „   gr. Say

212	9	60	moge
3	24	„	Musin (Waxany)
4	5	of	
5	9	of	
6	1	50	
7	1	70	v
8	3	~~50~~	~~Zahith~~
9	37	50	Andor
220	5	20	~~Analin (Chaltais~~ voge ~~Istar)~~ mathim
1	4	60	
2	2	„	Nerroi
3	3	of	;o

langue grecque, (par Cl. Lancelot, Arnault et Nicole.) *Paris*, 1682, in-8, v. br.

212. Théorie de la grammaire et de la langue grecque, par O. Minoïde Mynas. *Paris*, 1827, in-8, br. — Grammaire grecque contenant les dialectes et la différence avec le grec vulgaire, par C. Minoïde Mynas. *Paris*, 1828, in-8, br.

+ 213. Julii Pollucis onomasticum, gr. et lat., cum commentariis Jungermanni, Kuhnii, Seberi et aliorum. *Amst.*, 1706, in-fol., 2 vol., vél. cordé. War. 36

214. Dictionnaire critique grec et allemand, par Schneider. *Leipzig*, 1797, in-8, 2 vol., v. rac.

215. Dictionnaire grec-français, par J. Planche. *Paris*, 1809, in-8, bas. jas. == Dictionnaire français-grec, par MM. Planche, Alexandre, Defaucompret. *Paris*, 1824, in-8, parch.

216. Nouvel abrégé de la grammaire grecque moderne. *Vienne*, in-8, rel. en cart. (En grec vulgaire.)

217. Simonis Portii dictionarium latinum, græco barbarum et litterale. *Lutet.-Paris*, 1635, in-4, vél.

218. Tesoro della lingua greca volgare ed italiana dal Pad. Alessio da Somavera, posta in luce da Tomaso da Parigi. *Parigi*, 1709, in-4, 2 vol., v. m.

     Quelques pages manuscrites.

219. Dictionnaire analytique et critique de la langue hélléniq., expliquée par le grec moderne, par Ant. Gaza. *Venise*, 1809-12 et 16, in-4, 3 vol., bas. rac. *Bel exempl.*

22'. Dictionnaire grec moderne-français, par F. D. Dehèque. ·,*Paris*, 1825, in-18 carré, bas. rac.

221. Pet Danetii dictionarium latinum et gallicum, ad usum Delphini. *Parisiis*, 1693, gr. in-4, v. jas. — Nouveau dictionnaire français-latin, par Franç. Noël. *Paris*, 1813, in-8, bas. m.

222. Vocabulario italiano-espagnolo, comp. da Lor. Franciosini. *Venezia*, 1774, in-8, 2 vol., bas. rac. — Il vocabulario portatile per agevolare la lettura degli autori italiani ed in specie di Dante. *Parigi*, 1768, pet. in-12, d.-r.

223. Nouvelle grammaire française et portugaise, par A. M. Sané. *Paris* (s. d.), in-8, d.-r. — Dictionario inglez et portuguez; 2e édic., por Ant. Vicyra. *Lond.*, 1782, in-8, 2 tom., 1 vol. in-8, bas. jas. — Mestre francez, por Francisco Clamopin Durand. *Lisboa*, 1786, gr. in-8, bas. j. — Dialogues français et portugais. *Lisbonne*, 1808, pet. in-8 carré, bas. rac. — Secretario portuguez, ou methodo de

escrever cartas, por Francisco Jozé Freire. Nova edicaõ, augmentada com duos supplem. *Lisboa*, 1815, in-8, bas. rac.

124. Diccionario de la lengua castellana compuesto por la real academia espanola, segunda edicion. *Madrid*, 1783, in-fol., bas. rac., fil.

225. Discours préliminaire du nouv. dictionn. de la langue française, par A. C. de Rivarol. *Paris*, 1797, in-4, v. rac., fil. — L'art de parler et d'écrire correctement la langue française; par l'abbé de Lévizac. *Paris*, 1822, 2 vol. in-8, d.-r.

226. Dictionnaire de l'Académie française, augm. de plus de 20,000 articles (par Lavaux). *Paris*, 1802, in-4, 2 vol., bas. m.

227. Traicté de la conformité du langage françois avec le grec, avec une préface par Henri Estienne. *Paris*, 1569, p. in-8, v. fau.

228. Dictionnaire français-allemand, et allemand-français, par M. Delaveaux. *Berlin*, 1797, 4 tom., 2 vol., in-8, d.-r.

229. Dictionnaire français-holland., et holland.-français, par R. O. F. W. Winkelman. *Utrecht*, 1783, in-8, 2 vol., d.-r.

230. Nouv. dictionn. français-suédois, et suédois-français, par D. Levin Moller. *Stockolm*, 1755, in-4, v. j.

231. Dictionnaire suédois-français, par Erik Nordforss. *Stockolm*, 1805, 2 vol. p. in-18 obl., d.-r.

232. Dictionary of the english language, by Sam. Johnson. *Lond.* 1755, in-fol., 2 vol., v. j., fil.

233. Hermes Scythicus : or the radical affinities or the greek and latin languages to the gothic, by John Jamieson. *Edimburgh*, 1814, in-8, pap. vél., d.-r.

234. Elémens de la langue russe, par Charpentier. *S. Petersbourg*, 1768, in-8, d.-r.

235. Élémens raisonnés de la langue russe, par J. B. Maudru. *Paris*, 1802, 2 vol. in-8, d.-r.

236. Grammaire russe; par G. Hamonière. *Paris*, 1817, in-8, d.-r. — Vocabulaire franç. et russe, par G. Hamonière. *Paris*, 1815, in-8, pap. vél., cart.

237. Dictionn. français, allemand, latin et russe. 1764, in-8, 2 vol., v. fau. et v. rac., le tome 1er sans le titre.

224	5	"	Lemoux
225	3	"	Bodor
226	5	30	Dobin
227	6	"	Martin Waraugh
228	4	2/	
229	2	9/	Barrois
230	7	"	Martin institut
231	8	of	Barrois
232	17	"	Charpentier
233	3	"	Bodor
234	1	"	y.
235	3	10	hector Boffange
236	5	"	Barrois
237	1	of	matthieu

237 bis	1	40	Bonchost
238	9	50	Cretain
239	8	10	:9
240	6	..	Bodon
241	12	.	Schenbeck
242 } 243 }	6	40	Dubin
244 avec 249	1	of	chonin .
245	2	"	Bodot

237. *bis*. Dictionn. allemand-russe, et russe-allem., publ. par
Jacob Rodde. *Riga*, 1784, in-8, bas. rac.

238. Grammaire franç.,-celtique, ou franç.,-bretonne, par
le P. F. Grégoire de Rostrenen. *Rennes*, 1738, p. in-8,
v. br. — Dictionn. français-celtique, et français-breton,
par le P. F. Grégoire de Rostrenen. *Rennes*, 1734, in-4,
bas. br.

239. Dictionn. roman, walon, celtique et tudesque, (par D.
François). *Bouillon*, 1777, in-4, v. m.

240. Athenaei deipnosophistarum lib. xv, Isaacus Casaubonus
recensuit : et adjecti sunt ejusd. Casauboni in eund. scrip-
torem animadversionum lib. xv., 1597, in-fol., d.-r.

241. Discours grecs choisis de divers orateurs pub. par l'ab.
Auger; en grec, *Paris*, 1788, 2 vol. in-12, bas. rac. —
Isocratis orationes et epistolæ (gr. lat.), cum latina interpret. Hier. Wolfii, editio recognita, et à mendis expurgata
(curis Henr. Stephani). *Parisiis*, 1621, p. in-8, d.-r. —
Dionis Chrysostomi orationes, gr. lat., cum vetustis codd.
mss. collatæ, eorumq. ope ab innumeris mendis liberatæ,
restitutæ et auctæ, ex interpretatione Th. Neageorgi, recognita et emendata Fed. Morelli opera cum Isaaci Casauboni
Diatriba. *Lutet.* 1604, in-fol., v. m.

242. M. Tullii Ciceronis trium orationum pro Scauro, pro Tul-
lio, pro Flacoo partes ineditæ cum antiquo scholiaste item
inedito ad orationem pro Scauro; invenit, recensuit, notis
illustrav. Angelus Maius. *Mediolani*, 1814, gr. in-8, br.

243. Prælectiones academicæ Oxonii habitæ ab Edv. Comples-
ton. *Oxonii*, 1813, in-8, v. rac. — Discours, allocutions
et réponses de S. M. Louis-Philippe, roi des Français.
Paris, 1833, in-8, 3 vol., bas. rac.

244. The complaint : or, night Thoughts on life, death, et
immortality. *London*, 1750, in-8, rel. angl., fil.

> Cet exemplaire offre une traduction interlinéaire française et
> de phrases sur les marges.

245. Mythologia Æsopica : in qua Æsopi fabulæ græco-la-
tinæ 277, quarum 136 primùm prodeunt, accedunt Ba-
briæ fabulæ etiam auctiores, etc. opera et studio Isaaci Nicolai Neveleti, cum notis ejusd. in eadem, fig. *Francof.*,
1610, p. in-8, v. br., fil. — Heliodori æthiopicorum lib. x
(gr. et lat.), ad fidem mss. ab Hieron. Commelino emen-
dati, ejusdem que notis illustrati, cum indice. *Lugd.*, 1611,
p. in-8, d.-r.

246. Philostrati heroica ad fidem codd. manusc. ix recensuit, scholia græca adnotationesque suas addidit J. Fr. Boisson-nade. *Paris*, 1806, in-8, v. éc., fil.

247. Les martyrs, ou le triomphe de la religion chrétienne; par F. A. de Chateaubriand. *Paris*, 1810, in-8, 3 vol., bas. rac.

248. Introduction to the study of the greeck classic poets; by Henry Nelson Coleridge. *Lond.*, 1834, pap. vél., cart. angl.

L'exemplaire est précédé d'une lettre autographe de M. Henry Nelson Colerigde à M. Lechevalier.

249. Musæi grammatici de Herone et Leandro carmen ab Ant. Maria Salvinio, italicis versibus redditum, recensuit et illustravit Aug. Mar. Bandinius. *Florentiæ*, 1765, in-8, cart.

250. Homeri opera omnia, gr.-lat. curante Jo. Henrico Lederlino et post eum Steph. Berglero. *Amst.*, 1707, 2 vol. p. in-12, v. br.

250 *bis*. Homeri opera, ed. Barnes. *Cantabrigiæ*, 1711, in-4, 2 vol., v. br.

251. Homeri opera quæ extant omnia, gr. lat. (cur. Lebeau). *Parisiis*, 1747, in-12, 2 vol., v. et bas. m.

251 *bis*. Homeri Ilias et Odyssea, græcè (editio sumptibus D. D. Ruckingham et Grenville excusa, curis Th. Grenville, R. Porson, Randolph, Cleaver et Royers). *Oxonii*, 1800, p. in-4, 4 tom., 2 vol., cuir de Russie, dent., d. s. tr.

Très bel exemplaire d'un ouvrage rare en France.

252. Homeri Ilias (gr.) interpretatio latina adjecta est ex editione Sam. Clarke. *Glasguæ*, *Foulis*, 1747, p. in-8, 4 tom., 3 vol., v. m.

253. L'Iliade complète d'Homère, texte grec; par J. B. Gail. *Paris*, 1810, in-12, 2 tom., 1 vol. bas. rac. — L'Odyssée d'Homère, trad. en français, avec des remarq. par Mme Dacier, édit. revue, corrigée et augmentée. *Paris*, 1741, in-12, 4 vol., v. m.

254. Les œuvres d'Homère, trad. du grec par Mme Dacier, avec l'introduction par Banier, et 54 figures qui servent de preuves. *Leide*, 1766, in-12, 7 vol., bas. pof.

† 255. Œuvres d'Homère, trad. par D. Dugas Montbel. *Paris*, 1825, 4 vol. in-8, d. rel.

256. L'Odyssée d'Homère, trad. en vers, avec des remarques, suivie d'une dissertation sur les voyages d'Ulysse; par M. de Rochefort. *Paris*, 1777, gr. in-8, pap. d'Hollande v. éc.

246   10   „   Bodot
247   5   –   Chotu
248   L   50   Labitte

249   avec 244

250   10   50   Bodot
250 bis 33   ..   Blanchet
251   4   ss   Labitte
251 bis 35   „   Bodot

252   8   „   D
253   2   80   V

254   3   y
255   15   „   (commis) Murin
256 w   1   80   Dabui

256 v 1 50
257 4 "
258 3 80 Labitte

259 8 50 Schaubeck
260 3 20 ;9 3.20
261 2 40 Labitte
262 6 .. Bodor

263 1 60 choix

fil. — L'Iliade, traduit en vers français par Aignan. *Paris*, 1809, in-12, bas. rac.

257. L'Iliade d'Homère traduite en hollandais, par van Sgravenweert. *Amst.*, 1818-19, in-8, 4 vol., bas. rac.

258. Clavis Homerica, sive lexicon vocabulorum omnium, quæ in Iliade Homeri, nec nôn potissimâ Odyssæ parte continentur. Opus nunc summo studio recusum (à Georgio Parkins), accedit Mich. Apostolii proverbia, gr. et lat. nunq. ita antea edita. *Roterodami*, 1655, p. in-8, v. m. — Homeri Gnomologia, gr. lat. cum triplici indice Sententiarum, locorum sacræ scripturæ et vocabulorum, quibus mantissæ loco accessit appendix, per Jacobum Duportum. *Cantab.*, 1660, p. in-4, vél.

+259. Index vocabulorum in Homerâ Iliade atq. Odyssea cœterisque quotquot extant poematis, studio M. Wolfgangi Seberi Sulani, editio nova auctior et emendatior. *Oxonii*, 1780, in-8, rac., rel. angl.   War. 6

260. Initia Homerica, sive excerpta ex Iliade Homeri cum locorum omnium græca metaphrasi ex codicibus. Bodleianis et novi collegii manuss. nunc primum edita, edidit Th. Burgess. *Londini*, 1820, gr. in-8, pap. vél., cart. angl.

261. Incerti scriptoris græci fabulæ aliquot Homericæ de Ulissis erroribus ethicæ explicatæ, vertit notasq. necessarias adjecit Joan Colombus. *Lugd-Bat.*, 1745, in-8, v. m.

262. Apotheosis vel consecratio Homeri. Lapis antiquissimus in quo poetarum principis Homeri consecratio sculpta est, commentario illustratus a Gisberto Cupero. Explicat. Gemmæ Augustæ, numismata antiqua explicata, inscriptiones et marmora antiqua exposita et illustrat., auctore eodem. *Amst.*, 1683.=Explication nouv. de l'apothéose d'Homère, représentée sur un marbre ancien, par M. Schott, fig. *Ibid.*, 1714, 2 tom. 1 vol. in-4, vél. bl. — Everhardi Feithii antiquitatum Homericarum lib. quatuor, éditio nova prioribus multum emendatior, notis et indicibus aucta atque fig., illustrata, curis M. El. Stoeber. *Argentor.*, 1743, p in-8, v. j. — Aug. Guil. Schlegel de geographia Homerica commentatio. *Hanoveræ*, 1788, p. in-8, v. rac., fil., — Car. Travg. Gottl. Schœnemann, commentatio de geographia Homeri. *Gottingæ*, 1787, gr. in-4, d.-r.

263. An essay on the original genius and writings of Homer, with a comparative view of anc. and present state of the Troade, illustrated with a map of Troy; by Robert Wood.

Dublin, 1776, in-8, v. r. — Some observations upon the vindication of Homer and of the anc. poets and historians, who have recorded siege and fall of Troy writen, by J. B. S. Moritt, by Jacob Bryant, *Eton*, 1799.—Additional remarks on the topography of the Troad, etc. *Ibid.*, 1799, 2 pièces in-4, en 1 vol. cart.

264. Vindication of Homer and of the ancients poets and historians, who have recorded the siege and fall of Troy, in answer to two late publications of M. Bryant, with a map and plates, by J. B. S. Morritt. *York*, 1798, in-4, cart. — Essai sur le génie original d'Homère, avec l'état actuel de la Troade comparé à son état ancien, trad. de l'angl. de M. Wood (par Demeunier), portrait et cart. *Paris*, 1777, in-8, v. rac., fil.

265. An examination of the primary argument of the Iliad ; by Granville Penn. *London*, 1821, gr. in-8, pap. vél., cart. angl.

266. Sur l'étude d'Homère, etc.; par H. Weisze. *Leipzig*, 1826, in-8, br. (en allemand).—Essai sur la beauté morale de la poésie d'Homère; par P. Van Limburg Brouwer, trad. du hollandais. *Liége*, 1829, in-8, br.—Remarq. sur Virgile et sur Homère et sur le style poétique de l'écriture sainte ; ou l'on réfute les inductions pernicieuses de Spinosa, Grotius, le Clerc et quelques opinions particulières du P. Malebranche, L'Elevel et Simon (par l'abbé Faydit). *Paris*, 1705, in-12, v. j.

267. Hesiodi ascræi quæ extant (gr. lat.), cum notis variorum ; accessit Alberti Barlæi theogoniam commentarius ; operâ et studio Corn. Schrevelii. *Lugd.-Bat*, 1650, p. in-8, 2 tom. 1 vol., mar. r.

268. Traduction complète des odes de Pindare, en regard du texte grec, avec des notes à la fin de chaque ode, par R. Tourlet. *Paris*, 1818, 2 vol. in-8, v. porf., dent.

269. Le Pindare Thébain, trad. de grec en français mêlée de vers et de prose, avec les figures qui représentent les principales des odes, par de Lagausie. *Paris*, 1626, p. in-8, d. r.

270. Empedoclis et Parmenidis fragmenta ex codice Taurimensis bibliothecæ restituta et illustrate ab Amedeo Peyron. *Lipsiæ*, 1810, in-8, d. r.

271. Idylles de Théocrite, traduites en français avec des remarques par Jules Louis Geoffroy. *Paris*, 1800, in-8, d.-r.

272. Idylles et autres poésies de Théocrite, traduites en français

264	2	„	
265 / 266	2	„	Labitte
267	6	„	Crozet
268	9	„	Bion
269 / 270	1	80	
271	4	„	Martin
272			

273	3	40	Schaubeck
274			
275	4	10	Chaine
276			
277	1	„	Merlin
278	5		D
279	4	60	Schaubeck
280	4	60	ʃ.
281	10	50	Bion

avec des notes critiques et un discours préliminaire par
Gail. *Paris*, 1792, in-12, cart.

273. Theocriti quæ extant cum græcis scholiis (curâ Rich.
West). *Oxoniæ*, 1699, in-8, bas. rac.

274. Triphiodori grammatici, Ilii expugnatio (gr. lat.),
à Federico Iamotio latinitate donata, et annotationibus illustrata. *Lutetiæ*, 1557, p. in-8, v. éc.

275. Commentatio de Q. Smyrnæi Paralipomenis Homeri,
qua novam carminis editionem indicit Thomas Christian.
Tychsen, cum epistola C. G. Heynii in qua obiter consilia
de nova Homeri editione agitantur. *Gœttingæ*, (1783,) in-8,
d.-r.

276. Guerre de Troie depuis la mort d'Hector jusqu'à la ruine
de cette ville, poème en xiv chants, par Quintus de
Smyrne, traduit du grec en français par R. Tourlet. *Paris*,
1800, 2 vol. in-8, d.-r.

277. Guerre de Troye depuis la mort d'Hector jusqu'à la ruine
de cette ville, poème en xiv chants, par Quintus de Smyrne,
faisant suite à l'Iliade et trad. pour la 1re fois en français
par R. Tourlet. *Paris*, 1800, 2 vol. in-8, rel. en cart.

> On trouve dans l'exemplaire des notes de M. Lechevalier qui
> relèvent les passages fautifs de cette traduction. Ces notes sont
> écrites sur feuillets blancs ajoutées à l'ouvrage.

278. Q. Smyrnæi post Homericorum lib. xiv, nunc primum
ad librorum manuss. fidem et virorum doctorum conjectu-
ras recensuit, restituit et supplevit Th. Christ. Tychsen.
Accesserunt observationes Chr. Gottl. Heynii. *Argentorati*,
1807, gr. in-8, bas. rac.

279. Quinti Calabri prætermissorum ab Homero lib. xiv
græce, cum versiona latina et integris emendationibus,
Laurentii Rhodommanni et adnotamentis selectis Cl. Daus-
queji; curante Joan. Cornelio de Paw, qui suas etiam
emendationes addidit. *Lugd.-Bat.*, 1734, in-8, vél.

280. Phile de animalium proprietate, ex prima editione
Arsenii et libro Oxoniensi restitutus a Joannæ Cornelio de
Pauw, cum ejusdem animadversionibus et versione latina
Greg. Bersmanni, gr. et lat. *Traj. ad Rhen*, 1730, p. in-4,
v. éc., fil.

281. P. Virgilii opera, cum integris commentariis Servii,
Phylargyri, Pierii accedunt Scaligeri et Lindenbrogii notæ
ad culicem, cirin, catalecta, ad cod. manuss. reg. Parisien-

sem recensuit Pancratus Masvicius, cum indicib. et figuris. *Leovardiæ*, 1727, 2 vol., in-4, v. j.

282. P. Virgilii Maronis opera, ex fide Nic. Heinsii ope triginta manuss. restituta cum notis integris Caroli Ruæi. *Colon. Munatianæ*, 1782, grand in-12, 5 vol., bas. m. — La Géographie de Virgile, accompagnée d'un carte géographique par Hellie?. *Paris*, 1771, in-12, bas. rac.

283. Etudes grecq. sur Virgile, ou recueil de tous les passages des poètes grecs imités dans les Bucoliq., les Géorgiq. et l'Enéide, avec le texte latin et des rapprochem. littéraires, par F. C. Eichhoff. *Paris*, 1825, in-8, 3 vol., d.-r.

284. Q. Horatius Flaccus cum comment. selectissimis variorum. et scholiis integris Joan. Bond : acced. indices auctorum : tum rerum accuranta Corn. Schrevelio. *Lugd.-Bat.*, 1665, in-8, mar. cit. aux armes du roi. (Notes manuscrites de M. Le Chevalier sur feuilles détachées.) — Traduction des œuvres d'Horace, par Réné Binet, ive édit., revue par M. Jannet. *Paris*, 1816, 2 vol. in-2, v. porph.

285, Di Q. Orazio Flacco satira v, trad. italiana con rami allusivi. *Parma co' tipi, Bodoniani*, 1818, gr. in-4, pap. d-.r.

Don de la duchesse de Devonshire, née Hervey, à M. Lechevalier. Le tout de l'écriture de la duchesse. (Ne s'est pas vendu.)

286. P. Ovidii Nas. opera quæ supersunt. *Parisiis*, 1793, in-12, 3 vol., v. porph., fil.

287. P. Ovidii Nasonis epistolar. Heroidum liber : interpret. et notis illustravit D. Crisp. Helvetius, accessit index locupletissimus. *Lond.*, 1783, gr. in-8, bas. jas. — Métamorphoses d'Ovide, trad. par l'ab. Banier, fig. *Ibid.*, 1788, 5 vol. in-12, bas. m.

288. M. Manilii astronomicon lib. v, accessere M. Tulli Ciceronis aratæa, cum interpretatione gallico et notis edente Al. G. Pingré. *Parisiis*, 1786, 2 vol. in-8, bas. fau. — Idem opus. *Ibid.*, 1786, in-8, 2 vol., v. m.

289. Jul. Phædri fabulæ novæ et veteres, cum selectis ex utriusque commentario notis; (operâ et studio Chambry). *Parisiis*, 1812, in-8, pap. vél., bas. rac.

290. D. Jun. Juvenalis Satirarum libri v, ex recognitione Steph. And. Philippe. *Lut.-Par.*, 1747, fig. in-12, v. porph., fil., tr. d'or. — Satyres de Juvenal, trad. par Dusaulx. *Paris*, 1782, in-8, v. m.

291. Lusiades de Luis de Camoens. *Lisboa*, 1805, 2 vol. p. in-12, portr. br.

282	1	45	Choim
283	5	20	Schaudeck
284	3	50	Dabin
285	1	"	Choim
286	3	"	Labitte
287	1	75	dabin
288	3	80	Choine
289 } 290 }	2	30	:D
291	1	"	Martin

292	3	„	Barrois
293	2	60	D'abin
294	1	„	¿9
295	12	„	Caufette
296	1	„	
297	1	60	Cortier
298	3	„	Barrois
299	1	.	
300	13	50	Labitte

292. Os Luisiadas, pema epico de Luis Camoens, nova edi-
cao correcta, e dada a luz, por Dom Joze Maria de Souza
Botelho. *Paris*, 1819, port., gr. in-8, bas. éc.

293. La Lusiade du Camoens, poème héroïq. sur la découverte des Indes orientales; trad. du portugais, par Duper-
ron de Castera. *Paris*, 1768, in-12, 3 vol., v. éc., fil., d. s.
tr. — Orlando furioso di Lodovico Ariosto, con gli argo-
menti di Lodovico Dolce e con la allegorie di Tomaso Porcac-
chi da Castiglione Aretino. *Venetia*, 1641-42, p. in-12, vél.

294. Dict. des rimes, par P. Richelet, retouché par Berthe-
lin et augm. par de Wailly père et fils ainé. *Paris*, 1799,
in-8, v. m.

295. Satiriques du xvIIIme siècle (publ. par Colnet). *Paris*,
1800, 7 vol. in-8, v. éc., fil

296. La Byzanciade, poème. *Paris*, 1822, in-8, d.-rel. —
L'Alexandréide, ou la Grèce vengée, poème en xxiv chants;
par P. David. *Paris*, 1829, in-8, 2 vol., bas. rac. — L'astronomie, poème didact. lat. en viii livres, avec la trad.
française en regard et des notes; par F. M. Haumont. *Paris*,
1835.

Envoi à M. Lechevalier, avec la signature autogr. de l'auteur.

297. Voltaire, ou le triomphe de la philosophie moderne,
poème en viii chants avec une épilogue, par Jos. Berchoux.
Lyon, 1814, in-8, d.-r. — Hommages poétiques sur la
naissance de S. M. le roi de Rome, recueillis par J. J. Lucet
et Fccard. *Paris*, 1814, fig. in-8, 2 tom. 1 vol., d.-r. —
Mes passetemps : chansons suiv. de l'art de la danse,
poème en iv, chants; par Jean Et. Despreaux, ornés de
grav. d'après les dessins de Moreau le jeune, avec les airs
notés. *Paris*, 1806, in-8, 2 vol. cart , fil.

298. Poétique anglaise; par Hennet. *Paris*, 1806, in-8,
3 vol., d.-rel.

299. Poétical epistle to Benjamin count Rumfort, by Peter
Pindar. *London*, 1801, gr. in-4, cart. — The Mosiad,
or Israel delivered; a sacred poeme, in six canticles, with
notes etc., written by Ch. Smith. *London*, 1815, gr. in-4,
pap. vél., cart.

Envoi et lettre autographe de l'auteur à M. Lechevalier. Portrait de Ch. Smith ajouté.

300. Théâtre des Grecs, par le P. Brunoy, enrichi de grav.
et augm. de la trad. des pièces grecques dont il n'existe

que des extraits, et d'observations et de remarques nouvelles, par de Rochefort et du Theil, et par M***. (Poinsinet
de Sivry). *Paris*, 1785-1789, 13 vol., pet. in-8, v. rac., fil.

301. Æschyli tragœdiæ, quam antea castigatiores eduntur,
scholia in easdem plurimis in locis locupletata et in penò
infinitis emendata, Pet. Victorii cura. 1557, in-4, parch.
(Exemplaire dont les marges sont chargées de notes manuscrites de L. Seruini, J. C., avec sa signature sur le titre.)

302, Sophoclis tragœdiæ VII (gr.), cum commentariis inter-
pretationum argumenti Thebaidos fabularum Sophoclis,
authore Joachimo Camerario. *Saganæ*, 1534, pet. in-8, v.
br. — Æschyli tragœdiæ septem, dènuo recensuit et ver-
sionem latinam adjecit Christ. Godofred. Schütz. *Halæ*,
1700, in-8, 2 vol., v. j., fil.

— 303. Théâtre d'Æschyle, traduit en français (le texte grec en
regard), avec des notes philologiques et deux discours critiques, par F. J. G. de la Porte du Theil. *Paris*, 1795,
2 vol. in-8, v. m.

304. Sophoclis trag. VII, cum versione latina, additæ sunt
lectiones variantes, et notæ T. Johnsonii in IV tragœd.
Glasguæ, 1745, 2 vol. pet. in-8, v. m.

305. Sophoclis tragœdiæ septem (græcè), cum interp. latina,
et scholiis veterib. ac novis, editionem curavit Joann. Cap-
peronnier, eo defuncto, edidit, notas, præfationem et indicem adjecit, Joannes-Franciscus Vauvilliers. *Parisiis*, 1784,
2 vol. in-4, vél. vert.

306. Euripidis tragœdiæ, gr. et lat., latinam interpretationem M. Æmil. Portus correxit et expolivit, carminam ratio
ex Gul. Cantero diligenter observata, additis ejusd. in totum
Euripidem notis. *Heidelbergæ*, 1597, pet. in-8, 2 vol.
v. m.

> La deuxième partie est piquée de vers dans les 60 premières
> pages de la marge inférieure du fond.

307. Euripidis Hippolitus Coronatus (græcè), cum scholis,
vorsione latinâ, variis lectionibus, Valkenari notis integris,
ac selectis aliorum VV. DD. quibus suas adjunxit Franc.
Henr. Egerton. *Oxonii*, 1796, in-4, gr. pap. vél., mar.
bl., dent. extér. et intér., doublé de taffetas, tr. dor, rel. de
Bozerian.

> La note de remplacement de celle 33, imprimée in-8, est
> jointe à l'exemplaire.

301	4	80	"
302	9	"	Schaubeck
303	10	"	Labitte
304	5	15	Schaubeck
305	10	50	Lénance
306	4	60	Schaubeck
307	10	50	Labitte
303 Doublett	8	90	Schaubeck

308	4	..	
309	22	"	Crozet
310	2	ſo	Dabin
1	1	"	Barrois
2	4	"	
3	7	"	
4	1	"	
5	7	60	
6	10	ſo	Schubert
7	1	of	

308. Euripidis Alcestis, ad veterum manuscriptorum ac veterum editionum emendavit et annotationibus instruxit Jac. Henricus Monk. accedit Georgii Buchanani versio metrica., *Cantab.*, 1816, gr. in-8, pap. v. rac.

> Une lettre autographe du 25 août 1817, adressée à M. Lechevalier par M. Monck, est placée entre le faux titre et le titre de ce volume.

309. Aristophanis comœdiæ undecim, gr. lat., cum notis Steph. Bergleri, nec non And. Dukeri, accedunt deperditarum comœdiarum fragmenta à Theod. Cantero et Coddæo collecta, earumq. indices a Joh. Meursio et Joh. Alb. Fabricio digesti, curante P. Burmanno secundo qui præfationem præfixit. *Lugd.-Bat.*, 1760, in-4, 2 vol., vél. cordé.

310. Théâtre d'Aristophane, avec les fragmens de Ménandre et de Philémon, trad. en franç. par Poinsinet de Sivry. *Paris*, 1790, in-8, 4 vol., bas. rac.

311. P. Terentii comœdiæ sex, ex Donati commentariis emendatæ. *Parisiis, Rob. Stephanus*, 1529, in-fol., d.-rel.

312. Opere di Metastasio. *Venezia*, 1804, in-18, 14 vol., d.-rel.

313. Shakespeare's dramatic works, with explanatory notes. *Lond.*, 1790, gr. in-8, 2 vol., v. rac.

> L'index de Sam. Ayscough manque.

314. Sardanapalus, a tragedy. == The two Foscari, a trag. == Appendix. == Caïn, a Mystery, by lord Byron. *Lond.*, 1821, gr. in-8, pap. vél., cart. angl. — Fazio, a tragedy, by H. H. Milman. *Oxford*, 1815. == Alexander tumulum Achillis invisens, poema recitatum in theatro Scheldoniano, A. D. 1813. == The belvidere Apollo a prize poem. *Oxford*, 1812. == Ode on the arrival of the potentates in Oxford. == Judicium regale, and ode (Oxford). == Observations on the cotton trade. In-8, 6 pièces, 1 vol., d.-r.

> Avec envoi de l'auteur Henri Hart Milman.

315. Xenophontis quæ extant opera græcè, quorum interpretationem à diversis editam Henr. Stephanus partim ipse recognovit. Anno 1571, 2 tom, 1 vol. in-fol., d.-r.

316. Xenophontis opera, gr. et lat., opera Joan. Leunclavii Amelburni. *Francof.*, 1596-98, 2 tom., 1 vol. in-fol., vélin.

317. De Xénophon : (Les Economiqnes et de l'équitation), en gr. et en franç., par Gail. *Paris*, 1775, in-8, bas. m. —

Traité de la chasse, trad. en franç. par Gail.; fig. *Paris*;
1801, in-18, rel. en cart., fil. — Mythologie dramatique de
Lucien, en grec, en latin et en français, par L. C. Gail. *Paris*, 1798, gr. in-4, d.-r.

+ 318. Plutarchi quæ extant (gr. et lat.), *Francof.*, 1620, 2 vol.
in-fol., vél., *bel exempl.*

319. De Plutarque : Œuvres morales et meslées, translatées
de grec en français, par Jacq. Amyot. *Paris, Mich. de Vas-
cosan*, 1572, in-fol., vél. marbré. — Les vies des hommes
illustres de Plutarque, translatées de grec en français, par
Jacq. Amyot. *Laus.*, 1574 et *Lyon*, 1587, in-fol., 2 vol.,
vélin.

320. Luciani opera græcè, cum latina interpretatione, cura J.
Bourdelotii. *Lut.-Paris.*, 1615, in-fol., bas. jas.

321. Luciani de morte Peregrini libellus, gr.-lat., cum notis
Tan. Fabri. *Paris*, 1653. = Luciani Timon, gr.-lat. *Ibid.*
1655, in-4, 2 tom., 1 vol., vél. (Exemplaire de Dan. Huet,
évêque d'Avranches.) — Juliani imper. opera, gr. et lat.,
Petro Martinio Cantoclaro et Th. Marcilio edita. *Parisiis*,
1583, in-12, 4 part., 1 vol. v. m.

322. Œuvres complètes de l'empereur Julien, trad. du grec
en français, avec notes, par R. Tourlet. *Paris*, 1821, in-8,
2 vol., d.-r.

+ 323. Philostratorum quæ supersunt omnia : accessere Apol-
lonii Tyanensis epistolæ, gr. et lat., cum notis Gotifridi
Olearii. *Lipsiæ*, 1709, in-fol., v. jas. à comp., rel. angl.

324. Claudii Æliani opera, græcè et latine, ed. Conrado Ges-
nero. *Tiguri*, 1556, in-fol., bas. rac.

325. De Cicéron : Traité de l'orateur, lat. et franç., avec notes,
par Colin. *Paris*, 1805, in-12, bas. m. — Lettres à Atticus,
avec des remarques et le texte latin, par Montgault. *Paris*,
1787, 4 vol. in-12, bas. jas. — Traduction nouvelle des
traités de la vieillesse et de l'amitié, et des paradoxes, par
Gallon-la-Bastide. *Paris*, 1804, in-12, d.-r. — Les livres
de la vieillesse, de l'amitié, les paradoxes, le songe de Sci-
pion. Lettre politique à Quintus, trad. nouv. avec le texte
latin, revu par de Barrett. *Paris*, 1809, in-12, v. rac., fil.

+ 326. Opuscules (recueil composé d'articles insérés dans les
années 7, 8, 9 et 10 du Journal de Paris, par Rœderer).
Paris, an x (1802), in-8, 2 vol., v. rac. de coul., tr. dor.

+ 327. The works of Edmund Burke. *London*, 1815, gr. in-8,
12 vol., v. fau., fil. *Reliure de Hering.*

318	22	50	Schobeck
319	26	50	Bion
320	9	10	Schenbeck
321	1	40	,D
322	2	87	Lenaing
323	6	of	Lineing
324	5	10	Labitte
325	1	"	
326	4	"	Caufette
327	80	"	Linaing

328	1	50	Labitte
329	1	"	Bion
330	10	"	
1	19	50	
2	7	"	merlin (Josmon)
3	6	"	
4	102	"	hénaux
5	15	"	Merlin (Waremhin)
6	5	10	Labitte

528. Dictionnaire des proverbes français. *Paris*, 1821, in-8,
d.-r.

529. Les colloques d'Erasme, traduits par Gueudeville, avec
des notes et des fig. *Leide*, 1720, 6 vol. in-12, v. br.

> Au tome 1er une piqûre qui traverse la marge inférieure de
> devant.

HISTOIRE.

530. Méthode pour étudier l'histoire, par Lenglet du Fresnoy;
édition revue, corrigée et considérablement augmentée par
Drouet. *Paris*, 1772, 15 vol. in-12, d.-r., pap. bl. inter-
callé entre chaque page.

531. Le grand dictionnaire géographique, historique et critique, par Bruzen de la Martinière. *Paris*, 1768, in-fol.,
6 vol., v. m.

> Note autographe de M. Delalande.

+ **532.** Introduction à la géographie mathématique et critique,
et à la géographie physique, par S. F. Lacroix; revue, augmentée et ornée de cartes et de planches. *Paris*, 1811, in-8,
bas. rac. — Géographie générale, composée en latin par
Bernard Varenuis; revue par Isaac Newton, augmentée par
Jacq. Jurin, trad. de l'anglais en français par de Puisieux;
avec figures. *Paris*, 1755, in-12, 4 vol., v. m.

533. Strabonis de situ orbis libri XVII, græcè et latine, olim
à Guarino et Gregorio Trifernate in latinum conversi ac
deinde Conradi opera ad ejus generis autorum fidem reco-
gniti accessit rerum et verborum index. *Basileæ*, 1549,
in-fol.

534. Géographie de Strabon, traduite de grec en français, par
de la Porte du Theil et Coray, avec des notes et une introduction par M. Gosselin. *Paris, imp. impér. et royale*,
1812-1819, gr. in-4, fig., 5 vol., v. rac., dent.

+ **535.** Pausanias, ou voyage historique de la Grèce, trad. en
franç. avec des remarques, par l'abbé de Gedoyn; fig. *Paris*,
1731, in-4, 2 vol., v. m.

+ **536.** Phil. Cluverii Sicilia antiqua, opus post omnium curas
elaboratissimum, tabulis geographicis, ære expressis, illas-

tratum. Editio auctior et emendatior. *Lugd.-Bat.* (s. a.), gr.
in-fol., v. jas., fil., b. b. d. s. tr.

537. Description of the plain of Troy, by M. Chevalier, trans-
lated with notes by Dalzel. *Edinburg*, 1791, gr. in-4, v.
fau., fil. — Observations upon a treatise, entitled a description of the plain of Troy, by M. Lechevalier, by Jacob
Bryant. *Eton*, 1795. == A. Letter to Jacob Bryant concerning his dissertation on the war of Troy, by Gibl. Wake-
field. *London*, 1797, 2 tom., 1 vol. gr. in-4, d.-r.

538. The topography of Troy and its vicinity, illustrated and
explained by drawings and descriptions, by W. Gell. *Lond.*,
1804, gr. in-fol., pap. vél. d'Holl., mar. r., fol. dent.,
bords bord., tr. d'or.

539. Observations on the topography of the plain of Troy,
with à map, by James Rennell. *London*, 1814, gr. in-4,
pap. vél., bas. rac. (On a joint à la fin du vol. plusieurs
lettres de M. de Hammer, et le n° 10 du Journal littéraire
de Vienne du 5 février 1815, dans lequel ce dernier rend
compte de l'ouvrage de James Rennell.) — Remarks and observations on the plain of Troy, made during an excursion
in june 1799, by Will. Francklin. *London*, 1800, map.,
in-4, d.-r. — M. Chevalier's, Tablean de la plaine de Troye,
illustrated and confirmed. from vol. iv, of transactions of
the Royal Society. *Edinburg*, 1798, fig. et cart., in-4, d.-r.

Don. de la Société à M. Lechevalier.

540. The geography and antiquities of Uhaca, by Will. Gell,
with a map and plates. *Lond.*, 1807, gr. in-4, pap. vél.
mar. r., dent., tr. dor.

541. Topography illustrative of the battle of Platæa, by John
Spencer Stanhope. *Lond.*, 1817, gr. in-8, et Atlas gr. in-fol.,
obl., cart.

542. Topografical sketches of Megalopolis, Tanagra, Aulis,
and Eretria, by John Spencer Stanhope; 1831, cartes, gr.
in-fol., pap. vél., cart. angl.

Don de l'auteur.

543. Olympia; of topography illustrative of the actual state,
of the plain of Olympia, and of the ruins of the city of
Elis, by John Spencer Stanhope. *Lond.* 1824, in-fol., atlant.
fig., pap. vél., d.-r. angl., dos cuir de Russie.

544. Descrizione geografica dell' isola di Sicilia e dell' altre
sue adjacenti (da Domenico Adorno). *Palermo*, 1798, pet.

37	1	"	
8	3	50	Cretain
9	4	50	Cretaine
40	17	50	
1	2	"	: entaine
2	2	"	"
3	20	"	
4	6	"	Martin (Célèbre)

346   2   i   'Barrington

347   12   "   Mercury

34"   20   50   Dublin

348   6   10

349   13   ..   Mutton

350   2   60   is

351   1   40   V
              267

in-8 cart. — Dizionario geografico del regno di Sicilia composto dall' abate Franc. Sacco. *Palermo*, 1799-1800, pet. in-4, 2 tom., 1 vol., d.-r. *V. le Clerc* 15

345. Géographie physique et politique de l'Espagne et du Portugal, suivie d'un itinéraire détaillé de ces deux royaumes, par don Isidore Antillon. *Paris*, 1823, in-8, rel. en cart. — Libro tercero de la geografia de Strabon, che comprehende un tratado sobre Espana antigua, tracidudo del latin por don Juan Lopez Carta. *Madrid*, 1787, pet. in-8, bas. rac.

346. Le Voyageur curieux, ou vues des routes de France, grav. par J. Dezauches. = L'indicateur fidèle, ou guide des voyageurs, qui enseigne toutes les routes royales et particulièrement de la France, assujéties à une graduation géométrique, dressé par Michel, et dirigé par Desnos. *Paris*, 1767, in-4, d.-r. — Description routière et géographique de l'empire français : Routes de Paris à Lyon, à Turin, à Rome et à Naples, à Genève, à Aix, à Beaucaire, à Milan ; et de Paris à Calais, de Marseille à Gênes, de Paris à Gênes, Florence etc., chaque route a sa carte particulière enluminée par Vaysse de Villiers. *Paris*, 1813-1819, 10 vol. in-8, br.

347. Le Théâtre du monde, ou nouvel atlas mis en lumière par Jean et Guillaume Blaeu. *Amst.*, 1648, 7 vol. in-fol. atlant., frontisp. color., et rehaussés en or, vél. bl., à comp., d. s. t.

548. Atlas ou recueil de 167 cartes de toutes les parties du monde, dressées par Delisle, Jaillot et autres célèbres géographes. 2 vol. in-fol. atlant., v. m., fil.

549. Novum et magnum theatrum urbium Belgicæ et regiæ fœderatæ. *Amst.*, (sine anno) 1649, 2 vol. atlant., vél. bl., à comp., d. s. tr.

550. Guide des voyageurs en Europe, contenant un aperçu statistique de l'Europe ; des instructions sur la manière de voyager ; l'itinéraire des postes, relais, etc., par M. Reichard, divisé en 3 parties, nord centre et sud (par Hyac. Langlois). *Paris*, 1819, in-12. 2 vol. et atlas in-8, cartonnés. — Carte d'Allemagne, où en cinq feuilles l'on peut voir comme elle est distinguée en dix cercles ou provinces ; par Melchior Tavernier. *Paris*, 1633, gr. in-fol., cart. — Avertissement ou introduction à la carte générale et particulière de la France, par M. Cassini de Thury, carte. (*Paris*, s. d.) in-4, cart.

551. Itinéraire descriptif de la France et de l'Italie, par Vaysse

de Villiers, carte. *Paris*, 1818, in-8, br. —Itinéraire des routes les plus fréquentées, ou journal d'un voyage aux villes principales de l'Europe (par Dutens) *Paris*, 1775, pet. in-8, d.-r.

552. De l'utilité des voyages, et de l'avantage que la recherche des antiquitez procure aux sçavans, par Baudelot de Dairval, fig. *Rouen*, 1727, 2 vol. in-12, v. j. —Bibliothèque universelle des voyages. par G. Boucher de la Richarderie. *Paris*, 1808, in-8, 6 vol., v. rac.

552 *bis*. Voyages en Russie, en Tartarie et en Turquie, par Clarke, trad. de langl. *Paris*, 1813, 3 vol. in-8, v. rac. — Mém. de la correspondance d'un voyageur avec Caron de Beaumarchais, sur la Pologne, la Lithuanie, la Russie blanche, Pétersbourg, Moscou, la Crimée, etc., par M. D... (Mehée de la Touche). *Paris*, 1807, in-8, rel. en pap. puce, fil.

553. Recueil de voyages et de mémoires publiés par la société de géographie, tome 1er; Voyages de Marco Polo, introd., texte, glossaire et variantes, par Roux. *Paris*, 1924, in-4, br.

554. Journal du voyage de Chardin en Perse et aux Indes orientales, 1re partie. Voyage de Paris à Ispahan, 1686, in-fol., v. m.

555. Les six Voyages de J. B. Tavernier en Turquie, en Perse, et aux Indes. *Rouen*, 1713, 6 vol. in-12. fig. v. br.

556. Voyage along the coast of Corea, to Island of Lewchew; by John M. Leor, fig. col., in-8, bas. rac. — Journal du voyage de Siam, fait par l'abbé de Choisy. *Trévoux*, 1741, in-12, v. j.

557. Voyage en Arménie et en Perse, fait dans les années 1805 et 1806, par M. Jaubert. *Paris*, 1821, in-8, bas. rac. — Journal d'un voyage dans la Turquie d'Asie et la Perse, fait en l'année 1807 et 1808, in-8, d.-r.

On a joint à ce journal un vocabulaire, en italien, turc et persan, donné par le prince Timurat-Mirza au passage de l'auteur à Tauris. *Marseille*, 1809, in-8, d.-rel.

558. Correspondance d'Orient, 1830-1831, par M. Michaud et M. Poujoulat. *Paris*, 1833-35, in-8, 7 vol., bas. rac.

559. Voyage de Levant, par le sieur de C.° *Paris*, 1624, pet. in-4, d.-r. —Voyage dans les Indes orientales; par Grose, trad. de l'angl. par Hernandez. *Paris*, 1758, in-12, bas. m. — Voyages dans le Levant, par Frédéric Hasselquist, publié

3/2   8   "   Dubin

3/2 bis   2   80

3/3   16   50   Torquat

3/4   1   50

3/5   2   "   Dubin

3/6   2   50   Cyprien

3/7   6   "   Cretien

3/8   51   "   Ledoyen ainé

3/9   1   50   Mutuac

           3   10   Chimac

360   1   .   Dublin
361   10   50
2   11   50   deflorance
3   1   10   Sillor
4   5   of   (Joslengmord)
5   4   10

6   2   ,,
7   5   ,,   Bianchi
8   8   ,,   Evviva

par Ch. Linnæus, trad. de l'allemand par M*** (Eidous).
Paris, 1769, 2 p., 1 vol. in-12, v. m.

360. Voyages historiques de l'Europe, par C. Jordan. *Paris*,
1695, 4 vol. in-12, v. j. — Voyage de France, d'Espagne et
d'Italie, par M. S*** (Silhouette). *Paris*, 1770, le tome
2 vol., pet. in-8, d.-r.

361. Voyage dans l'empire Othoman, l'Egypte et la Perse,
par G. A. Olivier. *Paris*, 1801, 3 vol. gr. in-4, bas. rac. et
atlas in-fol., d.-r.

362. Discours et histoire véritable des navigations, pérégrina-
tions et voyages faits en la Turquie par Nicolas de Nicolay,
iv livres, édit. revue et augmentée de quelques fig. *Paris*,
1586, pet. in-4, rel. en parch. jas., rare.

363. Les Voyages du sieur du Loir, ensemble de ce qui se
passa à la mort du sultan Mourat dans le sérail, les cérémo-
nies de ses funérailles et celles de l'avènement à l'empire du
sultan Ibrahim son frère, qui lui succéda, avec la relation
du siège de Babylone, fait en 1639, par le sultan Mourat.
Paris, 1654, pet. in-4, v. m.

364. Voyage en Morée, à Constantinople, en Albanie et dans
plusieurs autres parties de l'empire Othoman, par F. C. H. L.
Pouqueville, orné de fig. et de vues nouvelles. *Paris*, 1805,
in-8, 5 vol. bas. rac. — Giornale di un viaggio da Constantinople in Polonia dell abate Boscovich, con una sua relazione
delle rovine di Troja. *Bassano*, 1784, gr. in-8, v. m.

365. Nouveau voyage dans la Turquie d'Europe et d'Asie et en
Arabie, par J. Griffiths, trad. par M. B. Barère de Vieuzac.
Paris, 1812. 2 vol., v. rac., fil. — Voyage à Constantinople,
en Italie et aux iles de l'Archipel, par l'Allemagne et la Hongrie (par M. de Sallaberry). *Paris*, 1799, in-8, v. m., fil.
— Voyage à l'embouchure de la Mer Noire, ou essai sur le
Bosphore, précédé de considérations générales sur la géographie, par Andréossy. *Paris*, 1818, in-8, bas. rac., et atlas
in-fol., d.-r.

366. Vues topographiques recueillies dans un voyage au Levant, par de Hammer. *Vienne*, 1811, in-8, fig., bas.

367. Voyages dans l'Asie mineure et en Grèce, faits dans les
années 1764, 1765 et 1766, par le Dr Rich. Chandler; trad.
de l'angl. par J. P. Servois et Barbié du Bocage. *Paris*,
1806, in-8, 3 vol.; v. rac.

368. Journal of a tour in Asia minor, by W. Mart. Leake,
accompanied by a map. *Lond.*, 1824, in-8, v. éc. — Itine-

rary of the Morea, being a description of the routes of that
peninsula, by Will., Gell. carte. *Lond.*, 1818, pet. in-8, pap.
vél.; cartonn. angl.
Envoi de l'auteur à M. Le Chevalier.

369. Voyage littéraire de la Grèce, ou lettres sur les Grecs anc.
et mod., avec un parallèle de leurs mœurs, par Guys; édit.
revue corrigée et augmentée d'un voyage de Sophie à Constantinople, un voyage d'Italie et quelques opuscules du
même, fig. *Paris*, 1776, 2 vol. in-8, v. c., fil. — Voyage
sur la scène des vi derniers livres de l'Enéide, suivi de quelques observations sur le Latium mod., par Ch. Victor de
Bonstetten.

370. The itinerary of Greece with a commentary on Pausanias and Strabo and account of the monuments of antiquy
at present existing in that country, compiled in the years
1801, 2, 5, 6, by W. Gell, fig. et cart. *Lond.*, 1810,
in-4, gr. pap. vél., v. rac., fil.
Don de l'auteur à M. Le Chevalier.

371. Voyage dans la Grèce; par F. C. R. de Pouqueville,
cartes et fig. *Paris*, 1820, in-8, 5 vol., d.-r.

572. Travels to the Morea, by Leake. *Lond.*, 1830, in-8, 3
vol., v. éc.

573. Voyage en Grèce fait dans les années 1803 et 1804, par
J. L. S. Bartholdy; trad. de l'allemand, par A. du C****
fig. *Paris*, 1807, 2 vol. in-8, d.-r. — Voyage dans la
Grèce asiatique à la peninsule de Cysique à Brusse et à Nicée,
traduit de l'italien de Domin. Sestini (par Pingeron). *Paris*,
1789, in-8, d.-r. — Voyage en Sicile, dans la grande
Grece et au Levant; par le Bar. de Riedsel; suivis de l'his-
toire de la Sicile, par le Novaïri, traduit de l'arabe de No-
vaïri par J. J. A. Caussin. *Paris*, 1802, in-8, d.-r. —
Voyage a Tine l'une des îles de l'archipel de la Grèce; par
Marcaky Zalloni, avec une carte générale de l'île de Tine.
Paris, 1809, in-8, br.

574. Lettres sur la Grèce, l'Hellespont et Constantinople; par
Castellan : avec 20 dessins de l'auteur, gravés par lui même
et deux plans. *Paris*, 1811, in-8, v. rac. — Lettres sur la
Morée et les îles de Cérigo; par A. L. Castellan; avec 23
dessins de l'auteur, gravés par lui-même et trois plans.
Paris, 1808, in-8, 2 part. 1 vol., v. r.

575. Voyage de la Propontide et du Pont-Euxin, avec la carte
générale de ces deux mers, celle particul. de la plaine du

369   1 /0

370   15 "   Cyprès

371   6 of
372   15 "   Cyprès
373   1 "

774   3 40   Continue j

375   3 "   Cyprès
           2 60

376	2	"	Express
377	1	15	
378	1	"	Express
379	3	10	[illegible]
380	5	15	[illegible]
38.	3	50	
382	1	"	[illegible]

Brousse en Bythinie, celle du Bosphore de Thrace, et celle de Constantinople, accompagnée des monumens anciens et modernes de cette capitale; et deux autres cartes par J. B. Lechevalier. ~~Paris, 1800~~, in-8, 2 vol., bas., fil.

376. Voyage de la Troade, fait dans les années 1785 et 1786, par J. B. Lechevalier. *Paris*, 1802, in-8, 2 vol., v. rac., fil. avec notes manuscrites de l'auteur sur feuilles détachées et atlas in-fol., d.-rel.

377. Le même traduit en allemand par C. G. Lenz; mit viii kupfern und 1 charte. *Altenbourg*, 1800, in-8, mar. r., fil., tr. dor. (*On a joint à l'exemple, un extrait et des notes manuss.*)— La plaine de Troie d'après Choiseul Gouffier, par Lenz; *Neu-Strelitz*, 1798, in-8, v. rac., fil.

   Lettre de M. Charles Bottiger à M. Le Chevalier.

378. Le même traduit en hollandais, par Wiselius. *Amst.*, 1808, 1810, in-8, 2 vol. v., rac.

379. Voyages physiques et lithologiques dans la Campanie; par S. Breislak, traduits et accompagnés de notes, par le général Pommereuil. *Paris*, 1801, in-8, 2 vol., bas. fil. — Voyage aux îles de Lipari, fait en 1781, ou notices sur les îles Æoliennes, pour servir à l'histoire des volcans; par Deodat de Dolomieu. *Paris*, 1783, in-8, v. m. — Lettres sur la Sicile et sur l'île de Malthe, par le comte de Borch; orné de la carte de l'Etna, de celle de la Sicile ancienne et moderne, avec 27 estampes. *Turin*, 1782, in-8, 2 vol., bas. m. — Voyage critique à l'Etna en 1819; par J. A. de Gourbillon. *Paris*, 1820, in-8, 2 vol., d.-r.

380. Voyages dans les deux Siciles et dans quelques parties des Apennins; par Spallanzani, traduit de l'italien par G. Toscan; carte et fig. *Paris*, 1800, in-8, 6 vol., bas. rac. — Viaggio per tutte le antichità della Sicilia descritto da Ignazio Paterno, principe di Biscari. *Napoli*, 1781, in-4, d.-r.

381. Voyage historique et politique au Montenegro; orné de 12 gravures coloriées, par L. C. Viallat de Sommières. *Paris*, 1820, in-8, 2 vol., cart. — Séjour d'un officier français en Calabre. *Paris*, 1820, in-8, cart.

382. Voyage en Sicile et à Malthe, traduit de l'anglais de Brydone, par M. Demeunier. 10 cartes. *Paris*, 1776, in-12, 2 vol., v. porph. — Voyage de Londres à Gênes; par Jos. retti, trad. de l'angl. (par Henry Rieu). *Amst.*, 1777, in-12, 2 vol., v. m. — Voyage de Terracine à Naples, par

Ferdinand Bayard. *Paris*, 1803, in-12, rel. et couv. en pap. bleu, fil.

383. Journal du voyage d'Espagne. *Peris*, 1669, in-4, v. br. — Voyage en Espagne et en Portugal, dans l'année 1774, avec une relation de l'expédition des Espagnols contre les Algériens en 1775; par Will. Dalrymple, traduit de l'anglais (par Romance, marquis de Mesmont), une carte. *Paris*, 1783, in-8, v. éc.—Voyage du duc du Châtelet, en Portugal, avec notes; par Bourgoing. *Paris*, 1798, in-8, 2 vol., bas. rac.

384. Les jeunes marins, ou voyage d'un capitaine de vaisseau avec ses enfans sur les côtes et dans les ports de mer; orné de 40 vues des ports de France, par M. V****. *Paris*, 1827, in-12, 4 vol., v. porph.

385. Journal d'un voyage de France et d'Italie, fait en l'année 1661. *Paris*, 1670, in-8, v. éc. — Voyage en France; par Arthur Young, traduit de l'anglais par F. S. (Soulés). *Paris*, 1793, in-8, 3 vol., d.-r.

386. Travels in France, during the years 1814-15. *Edimb.*, 1816, 2 vol. in-8, d.-r. — A letter from Paris, to George Petre, by John Chetwode Eustace. *London*, 1814, pap. vél. in-8, d.-rel.

387. Voyage fait en 1787 et 1788, dans la cidev. haute et basse Auvergne; par Legrand. *Paris*, 1793, 3 vol. in-8, d.-rel.

588. Voyage dans les 13 cantons suisses, par Robert. *Paris*, 1789, 2 vol. in-8, bas. m.

589. Voyage en différentes parties de l'Angleterre, par W. Gilpin, traduit de l'anglais par Guédon de Berchère, orné d'un grand nombre de gravure colloriées, et en noir. *Paris*, 1789, in-8, 2 vol., v. rac., fil.

590. Voyage en Angleterre, en Ecosse et aux îles hébrides; par B. Faujas de Saint-Fond, cartes et fig. *Paris*, 1797, in-8, 2 vol.

291. Voyages aux montagnes d'Ecosse et aux isles Hébrides, de Scilly d'Anglesy, etc, traduit de l'anglais, ouvrage enrichi de cartes et de beaucoup de vues et dessins. *Genève*, 1785, in-8, 2 vol., v. m.

392. A Tour in Scotland, 1769 (by Th. Pennant). *London*, 1772, vith plates, gr. in-8, bas. rac.

393. A tour through the whole Island of Great Britain; divided into journeys, interspersed with useful observations,

383   :   a   Dubis

4   6   60   Muscad'oraye
5   1   60   Chiswort
6   1   "
7   6   "   Sonquer
8}
9}   2   70   V.
390   2   40   V.
1   1   y
2   1   50   V
3   2   50   V

394	3	10	Dublin
395	3	of	
396	4	60	V.
397	1	,	
398	1	"	
399	2	of	
401	4	50	
402	2	80	

by C. Cruttwell with maps. *London*, 1801, in-8, 6 vol., cart. angl.

394. Voyage en Pologne, Russie, Suède, Dannemarc, etc., par Will. Coxe, traduit de l'anglais et augmenté d'un voyage en Norwège; par P. H. Mallet, orné de cartes, portraits et fig. *Genève*, 1786, 4 vol. in-8, d.-r.

595. Voyage en Allemagne et en Suède, contenant des observations sur les phénomènes, les institutions et les mœurs, des traits historiques sur les monumens, des anecdotes sur les hommes célèbres et le Tableau de la dernière révolution de Suède, par J. P. Catteau. *Paris*, 1810, in-8, 5 vol., bas. rac.

596. Voyage en Allemagne, par le baron de Riesbeck, traduit de l'anglais (par Brissot Warville), avec portrait, plans et cartes. *Paris*, 1788, in-8, 5 vol., v. m. — Voyage en Hongrie; précédé d'une description de la ville de Vienne et des jardins impériaux de Schœnbrun, par Rob. Townson; traduit de l'anglais par C. Cantwell, enrichi de la carte générale de la Hongrie et de xviii planches. *Paris*, 1799, bas. rac.

597. A journey through Sweden, containing a detailed account of its population, agriculture, commerce and finances: with some particulars relating to the history of Denmark, by Will. Radcliffe. *Lond.* (1790), gr. in-8, d.-r.

398. L'été du nord, ou voyage autour de la Baltique; par John Carr, traduit de l'anglais par Th. P. Bertin; orné de gravures. *Paris*, 1808, in-8, 2 vol., d.-r.

399. Nouveau voyage en Danemarck, Suède, Russie et Pologne, traduit de l'anglais de Will. Coxe. *Paris*, 1791, cartes, in-8, 2 part. 1 vol., bas. rac. — Voyage à Saint Pétersbourg, en 1799, dans lequel on trouve des notes curieuses sur Paul 1er, etc., pour servir à l'histoire des événemens du xviiime siècle; par l'abbé Georgel, publ. par M. Georgel, neveu de l'auteur. *Paris*, 1818, in-8, d.-r. — Voyage en Norwège, avec des observat. sur l'histoire naturelle et sur l'économie, traduit de l'allemand de Jean Chrét. Fabricius (par Millin Winckler). *Paris*, 1802, in-8, d.-r.

401. Narrative of journey in Egypt and the country beyond the cataracts, by Thomas Leigh, map and plates. *Lond.*, 1817, gr. in-8, pap. vél., v. rac.

402. Voyage au Sénégal, ou mémoire sur les découvertes, les établissemens et le commerce des Européens dans les mers

de l'Océan Atlantique; suivi de la relation d'un voyage par terre de l'île Saint-Louis à Galam, et du texte arabe de trois traités de commerce faits par l'auteur avec les princes du pays; avec des fig. et atlas, par J.-B. Léon Durand. *Paris*, 1802, in-4, 2 vol., cart. — Voyages et découvertes dans l'intérieur de l'Afrique, par le major Houghton et Mungo-Park, trad. de l'angl. (par M. Lallemand.) *Paris*, 1798, in-8, d.-r.

403. Voyage à la Guiane et à Cayenne, fait en 1789 et années suivantes, par L. M. B., orné de cartes et grav. *Paris*, 1797, in-8, d.-r. — Histoire de l'expédition aux rivières de l'Orénoque et d'Apurée dans l'Amérique méridionale, par le colonel Hyppisley, trad. de l'angl. par M. ***. *Paris*, 1819, in-8, d.-r.

404. Journal du voyage du marquis de Courtenvaux, pour essayer, par ordre de l'académie, plusieurs instrumens relatifs à la longitude, mis en ordre par M. Pingré et M. Messier; fig. *Paris*, *Imp. Roy.*, 1768, in-4, vél. éd., fil. — Supplément au journal du voyage à l'équateur et au livre de la mesure des trois premiers degrés du méridien, par de la Condamine. *Paris*, 1752-54, 2 part., 1 vol. in-4, cart. — Voyages aux Indes-Orientales et en Afrique, pour l'observation des longitudes en mer, par Al. Rochon, avec une carte générale de la mer des Indes et de la mer du Sud. *Paris*, 1807, in-8, d.-r.

405. Histoire du Calendrier romain, qui contient son origine et les changemens qui lui sont arrivez, par Blondel. *Paris*, 1699, in-4, bas. m. — Chronologie d'Hérodote, conforme à son texte, par C. F. Volney. *Paris*, 1609, 2 part., 1 vol. in-8, d.-r.

406. Révolutions des empires, royaumes, républiques, etc., par Renaudot. *Paris*, 1769, in-12, tome 1, cart. — Dissertation sur la population des anciens temps, comparée avec celle du nôtre, par Wallace, trad. de l'angl. par E. (Eidous.) *Paris*, 1769, in-8, d.-r. — Histoire des Amazones anciennes et modernes. *Amst.*, 1748, in-12, cart.

407. Recherches sur les mystères du paganisme, par de Sainte-Croix. *Paris*, 1817. = Joan. Bapt. Casparis d'Ansse de Villoison, de triplici theologia mysteriisq. veterum commentatio; fig., 2 vol. in-8, bas. rac.

408. Précis de l'histoire de la doctrine et de la discipline de la

403	1	„	...
404	9	„	...
405 } 406 }	1	50	Norblin
407	13	50	Camus
408	2	„	... (...)

409	7	80	matthieu
410	2	„	Bodor
1	5	„	
2	14	50	Merlin
3	57	„	Merlin (Jennep
4	5	50	Nayloin
5	9	„	Merlin portia
6	2	50	V
7	3	„	
8	1	60	Schonbeck
9	8	„	Lalotte

société des Quakers; trad. de l'angl. *Lond.*, 1795, in-12, pap. vél., d.-r.

409. Flavii Josephi opera quæ extant. *Genevæ*, 1611, in-fol., v. br., fil.

410. Historia Hebræorum ab Homero hebraicis nominibus ac sententiis conscripta in Odyssea et Iliade, exposita illustrataque stud. atq. operâ Gerardi Groesii. *Dordraci*, 1704, pet. in-8, 2 tom., 4 vol., bas. j.

411. Thucydidis de bello Peloponnesiaco lib. VIII, iidem latinè, ex interpretatióne Laur. Vallæ, ab Henr. Stephano recognita; 1563, in-fol., vél.

412. Histoire de Thucydide, fils d'Olorus, trad. du grec par P. Ch. Levesque. *Paris*, 1795, 4 vol. in-8, v. rac.

413. Histoire d'Hérodote, trad. du grec, avec notes (par Larcher.) *Paris*, 1802, 9 vol. in-8, v. rac.

414. Voyages d'Anténor en Grèce et en Asie, avec des notions sur l'Egypte, par Lantier. *Paris*, 1821, in-8, 3 vol., bas. rac.

415. Histoire de la guerre de Troie, attribuée à Dyctis de Crète, trad. du latin par N. L. Achaintre, avec des notes; suivie de l'histoire de la ruine de Troie, attribuée à Darès de Phrygie; trad. par Ant. Caillot. *Paris*, 1813, in-12, 2 vol., bas. rac. — Bellum et excidium Trojanum, ex antiquitatum reliquis, tabula præsertim, quam Raphael Fabrettus edidit, Iliaca delineatum, adjecto in calce commentario illustratum à Laurentio Begero. *Berolini*, 1699, pet. in-4, v fau. Recherché et rare.

416. Œuvres de Tacite, trad. en franç.; savoir : Morceaux choisis, par d'Alembert. == Annales, par J. H. Dottéville. == Histoire, par le même. == La vie d'Agricola et des mœurs des Germains, par l'abbé de la Bleterie, revue par Dotteville. == Dialogues sur les orateurs, par M. de S..... (Bourdon de Sigrais.) *Paris*, 1782-1793, 10 vol. in-12, d.-r. — Joan. Henr. Bœcleri in Taciti primordia annalium et historias commentatio. *Argentor*, 1664, pet. in-8, vél.

417. Polybii historiarum libri XVII, gr. et lat., ex interp. Nicolai Perotti et Wolfgangi Musculi. *Basil.*, 1549, in-fol., mout. rou., fil.

418. Herodiani historiæ sui temporis lib. VIII, e græco in linguam latinam conversæ ab Aug. Politiano, studio et operâ Dan. Parci. *Lond.*, 1639, gr. in-8, vél. bl.

419. Arriani opera quæ supersunt, gr. et lat. cum interpretib.

latinis et notis. ex recensione N. Blancardi. *Amst.*, 1683, fig., in-8, 2 vol., bas. fau.

420. Johan. Lomeieri de veterum gentilium lustrationibus syntagma, cum indice. *Ultrajecti*, 1681, pet. in-4, v. br. — Sepultura veterum, sive tractatus de antiquis ritibus sepulchralibus, stud. et operâ And. Quenstedt emendatus et auctus. *Wittebergæ*, 1660, pet. in-8, v. fau. fil. — Johan. Kirchmanni de funeribus Romanorum lib. IV. *Lugd.-Bat.*, 1672, pet. in-12, v. j.

421. Antiquités romaines, par A. Adam, trad. de l'angl. *Paris*, 1818, in-8, 2 vol., bas. porf.

422. Description des antiques du musée royal, par Visconti et le comte de Clarac. *Paris*, 1820. == Catalogue raisonné et historique des antiquités découvertes en Egypte, par M. Jos. Passalacqua; orné de 2 planch. *Paris*, 1826. == Catalogue d'objets d'arts, de M. de Choiseul-Gouffier, par L. J. J. Dubois. *Paris*, 1818, in-8, 3 vol., br.

+ 423. Alcuni Bassirilievi della Grecia descritti at publicati in otto tavole da Eduardo Dodwell. *Roma*, 1812, in-fol., d.-rel.

424. Roma antica di Famiano Nardini. *Roma*, 1771, in-4, fig., d.-rel.

425. Catalogo di scelte antichità etrusche trovate negli scavi del principe di Canino. *Viterbo*, 1829, gr. in-4, d.-rel.

426. Muséum impérial des monumens français, par Al. Lenoir. *Paris*, 1818, in-8, bas. rac. == Opinion sur les musées, par Deseine. *Ibid.*, 1803, in-8, cart.

427. Eclaircissemens sur l'inscription grecque du monument trouvé à Rosette, par Ameilhon, avec le tableau de l'inscription. *Paris*, 1803, in-4, cart. — Antiquités grecques du Bosphore-Cimmerien, publiées et expliquées par Raoul Rochette. *Paris*, 1822, gr. in-8, br.

428. Dissertation sur la maison carrée de Nismes, par M. Séguier. *Nismes*, 1776. == Supplément à la notice sur la découverte d'une habitation romaine, par Aug. Asselin, publié en 1630; fig. *Cherbourg*, 1832; et 8 autres broch. in-8 et in-4. — Mémoire sur l'antiquités des zodiaques d'Esneh et de Denderah, trad. de l'angl. (de W. Drummond.) *Paris*, 1822, in-8, gr. pap. vél., cart.

429. Introduction à la science des médailles, par Ch. Patin, (*Impression d'Elzevier.*) Se vend à Paris, 1667. (Dans cette éditon très rare se trouvent les emblêmes et devises.)

420   2   .   Mathieu

4 21   9   ..   Border
2 .   4   10

9   6   50   Cavitian j
4   4   50
5   2   3
6 ⎱   4   80   Dubois
7 ⎰

8   9   50   Gretenne

9   4   ..   Roybin

422 10 (3 y) 1   ff

430	100	"	Carpette
1	75	"	id.
2	379	"	D.
3	6	80	
4	1	60	mivinnet
5	7	80	Merlin.
436	2	"	
437	3	30	~~Austin~~ Crozet
8	5	"	v

— La science des médailles (par Jobert.) *Paris*, 1692, in-12, v. br.

430. Lexicon universæ rei numariæ veterum et præcipuæ græcorum ac romanorum, edidit Christ. Rasche; præfatus est Christ. Gottl. Heyne, cum supplementis. *Lipsiæ*, portrait, 1785-1802, 12 vol. gr. in-8, v. rac.

431. Recueil de médailles de rois, de peuples et de villes, qui n'ont point encore été publiées, ou qui sont peu connues. *Paris*, 1762-67. == Lettres de l'auteur (Pellerin) et additions. *Ibid.*, 1770, fig., in-4, 9 vol., d.-rel.

432. Description de médailles antiques, grecques et romaines, avec leur degré de rareté et leur estimation, par T. E. Mionnet. *Paris*, 1806-1835, fig., in-8, 17 vol., bas. rac., 1 vol. br.

433. Essai sur les médailles antiques des îles de Céphalonie et d'Ithaque, par C. P. de Bosset. *Lond.*, 1815, fig., in-4, cart. — Epitome du thresor des antiquités, c'est-à-dire, pourtraits des vrayes médailles des empp., tant d'orient que d'occident, trad. de Jacques de Strada; par Jean Louveau. *Lyon*, 1553, fig., in-4, vél., jas.

434. De l'influence des croisades sur l'état des peuples de l'Europe, par Maxime de Choiseul-Daillecourt. *Paris*, 1809, in-8, bas. rac. — Histoire générale des descentes faites tant en Angleterre qu'en France, depuis Jules César, par Poncet 'a Grave. *Paris*, 1799, 2 vol. in-8, d.-r.

435. Histoire universelle du sieur d'Aubigné, qui s'estend de la paix entre tous les princes chrétiens, et de l'an 1550 jusqu'en 1585. *Maillé*, 1616, 2 tom., 1 vol. in-fol., rel. en cart.

436. Mémoire historique de mon temps, par sir Will. Wraxall, trad. de l'angl. par R. J. Durdent. *Paris*, 1817, in-8, 2 vol., bas. rac. — Le congrès de Vienne, par de Pradt. *Paris*, 1815, in-8, 2 vol., bas. rac.

437. Antiquité de la nation et de la langue des Celtes, par D. P. Pezron. *Paris*, 1703, in-12, v. br. — Abrégé de l'origine et généalogie des Français, faict et composé par Claude du Pré, sieur du Vaux-Plaisant. *Lyon*, 1681, pet. in-8, bas. m. — Discours sur cette question : La nation française mérite-t-elle le reproche de légèreté, par J. J. Lemoine. *Paris*, 1809, in-8, cart.

438. Histoire de la maison de Bourbon, par Désormeaux ;

portraits et arbres généalogiques. *Paris*, 1772-1786, in-4, 4 vol., v. éc., fil.

439. Histoire de St. Louis, roi de France, par le sire de Join-ville ; édition donnée par Paul Gervais ; portrait. *Paris*, 1822, in-8, bas. porph.—Vie de Blanche de Castille, reine de France, mère de Saint Louis, par la comtesse A. de Ma-chego, née de Bataille. *Paris*, 1828, portr., in-8, d.-r.

440. Addition à l'histoire de Louis xi, contenant plusieurs recherches curieuses sur diverses matières, par Gab. Naudé. *Paris*, 1630, in-8, parch. — Mémoire pour servir à une nouvelle histoire de Louis xii, le père du peuple. *Paris*, 1819, in-8, d.-r. — Conjuration d'Et. Marcel contre l'autorité royale, ou histoire des états-généraux de France, pendant les années 1355 à 1358, par J. Naudet. *Paris*, 1815, in-8, bas. rac.

441. Satyre ménippée, de la vertu du catholicon d'Espagne, et de la tenue des états de Paris ; édit. augm. de l'asne ligueur, et de nouv. remarques (par Pierre Dupuy). *Ratisb.*, 1714, pet. in-8, 3 vol., j.

442. Almanachs national de France, années 1803 et 1804. — Royal, 1814-15, 16, 17, 18, 19, 20, 21, 23, 24, 25, 27, 28, 29 et 53. *Paris*, 1803 et suiv. ; et du Commerce, an xii, 1803-4. en tout 16 vol. in-8, de différ. rel

443. Histoire philosophique de la Révolution de France, par Fantin-Desodoards ; portr. *Paris*, 1801, in-8, 9 vol., d.-r.

444. Révolution française. Table alphabétique du Moniteur, depuis 1787 jusqu'à l'an xiii (1799), publiée par Girardin. *Paris*, 1802. 7 vol. in-4, br.

445. Histoire de France depuis la mort de Louis xvi, jusqu'au traité de paix de 1815, par M. Gallais. *Paris*, 1819, in-8, pap. vél., 2 vol., v. rac., fil. — Histoire du xviii brumaire, par le même. *Paris*, 1814, in-8, 2 part. 1 vol., d.-r.

446. Histoire de Marie-Antoinette, par Montjoye. *Paris*, 1814, 2 vol. in-8, d.-r — Dernières années du règne et de la vie de Louis xvi, par Hue. *Paris*, 1814, portr., gr. in-8, v. rac. — C. C. Tacite, historien du roi, de madame, de Buonaparte, de la charte, des fédérés, etc., avec une version française. *Paris*, 1815, in-8, d.-r.

447. Histoire de la conjuration de Louis-Phil.-Jos. d'Orléans, surnommé Egalité (par Montjoye) ; portrait. *Paris*, 1796, in-8, 3 vol., d.-r. — Histoire de la conjuration de Robespierre (par Montjoye). *Lausanne*, 1795, in-8, d.-r.

39	2	of	
10	1	50	
1	2	4	Dublin
2	7	20	:)
3	5	"	:)
4	6	"	
5	1		
6	4	"	dublin
7	6	of	Labette

448	3	30	Dublin
449	3	"	"
450	3	60	"
1	1	60	Dublin
2, 3 }	4	30	"
4	2		"

448. Histoire secrète du tribunal révolutionnaire, par de Proussinalle. *Paris*, 1815, 2 vol. in-8, d.-r. — Liste comparative des cinq appels nominaux, sur le procès et le jugement de Louis XVI. *Paris*, 1795, in-8, d.-r. — Anecdotes secrètes sur le XVIII fructidor, ou nouveaux mémoires des déportés à la Guiane. *Paris*, (1798), in-8, d.-r.

449. Histoire du directoire exécutif. *Paris*, 1801, in-8, 2 vol., d.-r. — Mémoires sur la convention et le directoire, par A. C. Thibaudeau. *Paris*, 1824, in-8, 2 vol., d.-r. Souvenirs sur Mirabeau et sur les deux premières assemblées législatives, par Et. Dumont (de Genève,) publiés par M. J. L. Duval. *Paris*, 1832, in-8, pap. vél., d.-r.

450. Mémoires anecdotiques pour servir à l'histoire de la révolution française; par Lombard de Langres. *Paris*, 1823, in-8. 2 tom. 1 vol., d.-r. — Mémoires de Jos. Fouché, duc d'Otrante, ministre de la police générale; portrait. *Paris*, 1824, in-8, d.-r. — Mémoires secrets de J. G. de Montgaillard, pendant son émigration, par de Montgaillard. — *Paris*, 1884, in-8, d.-r. — Révélations puisées dans les cartons des comités de salut public et de sûreté générale, ou mémoires de Sénart, publié par Alexis Dumesnil. *Paris*, 1824, in-8, d.-rel.

451. Histoire de la guerre entre la France et l'Espagne, pendant 1793-1794, et partie de 1795, par Louis de Marcillac. *Paris*, 1808, in-8, d.-r. — Campagne du duc de Brunswick contre les Français en 1792, par Desrenaudes. *Paris*, 1795, in-8, d.-r. — Précis des opérations générales de la division française du Levant, en 1797, 1798 et 1799; par J. P. Bellaire. *Paris*, 1805, in-8, bas. éc. — Les Campagnes du Portugal en 1808 et 1811. *Paris*, 1814, in-8, d.-r.

452. Mém. pour servir à l'histoire des expéditions en Egypte et en Syrie, par J. Miot. *Paris*, 1814, in-8, bas. rac. — Fuite de Buonaparte de l'Egypte, pièces authentiques sur sa désertion, et de plusieurs lettres interceptées par la corvette de S. M. Britannique. *El Vincejo, Paris*, 1814, in-8, d.-r.

453. Histoire secrète du cabinet de Buonaparté et de la cour de Saint-Cloud; par Goldsmith. *Lond.-Paris*, 1814, 2 vol. in-8, d.-r. — Le moniteur secret. *Lond.-Paris*, 1814, 2 vol. in-8, d.-r. — Histoire générale des Prisons sous le règne de Buonaparté. *Paris*, 1814, in-8, d.-r.

454. Histoire de la campagne de 1814, par de Beauchamp.

Paris, 1815, in-8, 2 vol., d.-r. — Campagne de Paris, en 1814, par Giraud. *Paris*, 1814, in-8, d.-r.

455. Itinéraire de Buonaparte, depuis son départ de Doulevent, jusqu'à son embarquement à Fréjus, le 29 avril. *Paris*, 1814, in-8, d.-r. — Itinéraire de Buonaparte, de l'île d'Elbe à l'île Sainte-Hélène. *Paris*, 1816, in-8, d.-r. — Letters written on board his majesty's ship the Northumberland, and at Saint-Helena, by W. Warden. *Lond.* 1816. = Extrait des lettres écrites pendant la traversée de Spithead à Sainte-Hélène. *Paris*, 1817, in-8, 2 tomes en 1 vol., v. rac., fil.

456. Essais historiq. sur Paris, de M. de Saint-Foix, portr. *Paris*, 1776, 1777, 7 vol. in-12, bas. rac. — Description de la basilique métropolitaine de Paris, par M. Gilbert. *Paris*, 1821, in-8, cart. — Notices sur l'hôtel de Cluny et sur le palais des Thermes. *Paris*, 1834, gr. in-8, pap. vél., d.-r.

457. Nouvelle description des châteaux et parcs de Versailles et de Marly; par Piganiol de la Force, fig. *Paris*, 1764, in-12, 2 vol., v. m. — Le Guide du voyageur à Fontainebleau, ou nouvelle description historique de cette ville, par Ch. Renard. *Paris*, 1820, in-12, br. — Histoire de la ville et du château de Saint-Germain-en-Laye (par Abel Goujon). *Saint-Germain*, 1829, in-8, d.-r.

458. Histoire des antiquités, et description de la ville et du port du Hàvre de Grace, par l'abbé Pleuvry, *Hàvre*, 1796. pet. in-8, cart. fil. — Recherches sur les anciens châteaux du département de la Manche, par M. de Gerville. *Caen*, 1805-1830, 4 mémoires en 1 vol. in-8, bas. porph. — Annuaire des cinq départemens de l'ancienne Normandie, 1835, 1re année. *Caen*, 1834, in-8, bas. porph. — Éloge des Normands, ou histoire abrégée des grands hommes de cette province (par Dom le Cerf). *Paris*, 1748, in-12, 2 parties, 1 vol., d.-r.

459. Histoire de la Flandre, depuis le comte Gui de Dampierre, jusqu'aux ducs de Bourgogne, 1280-1383, par Jules Van Praet. *Brux.*, 1828, in-8, bas. rac. — Annales civiles et religieuses d'Yvois-Carignan et de Mouzon; par Ch. Jos. Delahaut, publiées avec des augmentations et corrections, par M. Lécuy. *Paris*, 1812, in-8, d.-r.

460. Histoire des Suisses ou Helvétiens, par P. H. Mallet. *Genève*, 1803, in-8, 4 vol., d.-r. — Histoire de la Confédération helvétique, par And. Louis de Watteville. *Berne*,

55   1   25   V

6   1a   50

7   45   Conyettes

8   14   50   i7

9   8   "   Martin (invita1)

160   14   50   Cottami

461	2	of	
2	1	of	
3	1	of	
4	8	"	Martin (Herbert)
5	3	"	Neygrawier
6	1	of	Dabin
7	1	.	
8	1	"	
9	2	.	

1754, pet. in-8, 2 tom. 1 vol., v. m. — Histoire naturelle des glacières de Suisse, trad, de l'allemand de Grouner, par M. de Keralio. *Paris*, 1770, in-4, v. m., fil.

461. Les Délices de l'Italie, par de Rogissard et H*** (Havard). *Amst. (Paris)*, 1743, in-2, 4 vol., v. m.

462. Histoire de la monarchie des Goths en Italie, par J. Naudet. *Paris*, 1811, in-8, pap. vél., bas. rac. — État civil et politique de l'Italie sous la domination des Goths, par Wil. Th. V. Tone. *Paris*, 1813, in-4, cart. — Observ. sur l'Italie et sur les Italiens, par Grosley. *Lond. (Paris)*, 1770. ═ Les Italiens, trad. de l'anglais de Baretty (par Fréville). *Genève-Paris*, 1773, in-12, les 2 articles 5 vol. in-12, v. m.

463. Roma sacra e moderna di Franc. Posterla. *Roma*, 1707, fig., in-8, vél. — Il forestiere istrutto nelle cose pui rare di Vicenza. *Vicenza*, 1804, fig., in-8, v. rac., fil.

464. Fr. Thomæ Fazelli de Rebus Siculis decades duæ, nunc primum in lucem editæ. *Panormi*, 1560, in-fol., v. rac.

465. Mém. pour servir à l'histoire des dernières révolutions de Naples recueillis par B. N***. *Paris*, 1805, in-8, rel. en cart., fil. — Histoire du gouvernement de Venise (par Amelot de la Houssaie). *Paris*, 1685, in-8, 5 vol., d.-r. — Description de Messine. *Paris*, 1783, in-4, cart. — Mémoire sur les îles ponces, et catalogue raisonné des produits de l'Etna, par Deodat de Dolomieu. *Paris*, 1788, fig., in-8, bas. m.

466. Histoire de l'avénement de la maison de Bourbon au trône d'Espagne; par Targe. *Paris*, 1772, in-12, 6 vol., v. m.

467. Letters concerning the Spanish nation, by Ed. Clarke. *London*, 1763, in-4, v. m.

468. Les Communeros, chronique castillane du xvᵉ siècle, d'après l'histoire inédite de Pédro de Alcoger, par Henri Ternaux. *Paris*, 1834, in-8, br. ═ Précis historique de l'origine et des progrès de la rébellion d'Espagne, par M. C***, trad. de l'espagnol par M. de M***. *Paris*, 1823, in-8, br. — Histoire de la guerre d'Espagne et de Portugal de 1807 à 1814, par Sarrazin. *Paris*, 1814, in-8, d.-r.

469. Tableau de l'Espagne moderne, par J. Fr. Bourgoing. *Paris*, 1797, in-8, 3 vol., d.-r. — Introduction à l'histoire naturelle et à la géographie physique de l'Espagne, trad. de l'espagnol de Guill. Bowles, par de Flavigny. *Paris*, 1776, in-8, bas rac.

+ 470. Historia de Portugal restaurado, escrita por D. Luiz de
Meneses. *Lisboa*, 1764-59, gr. in-8, 4 vol., rel. en cart., fil.

471. Lettres sur le Portugal, par H. Ranque. *Paris*, (s. d.).
in-8, d.-r. — Tableau de Lisbonne, en 1796. *Paris*, 1797,
in-8, rel. en cart., fil.

472. Lettres sur les Anglais et les Français (par le comte de Mu-
ralt) Sans nom de lieu. *Cologne*) 1728, 2 tom. 1 vol. in-12,
v. br. — Histoire des singularités d'Angleterre, d'Ecosse, et
du pays de Galles, traduit de l'anglais de Childrey, par
M. P. B. (Briot), fig. *Paris*, 1667, in-12, v. br. — Panorama
d'Angleterre, par Ch. Malo, fig. *Paris*, 1817, 2 vol. in-8,
d.-rel.

473. A New history of Great Britain, by John Adams. *London*, 1802, pet. in-8, bas. j. — An historical survey of the
foreign affairs of Great Britain; by Gould Francis Leckie.
London, 1810, in-8, bas. rac. — Précis historique de la com-
pagnie anglaise aux Indes orientales; traduit de l'anglais de
M. Colquhoun, par M. R. *Paris*, 1815, in-8, d.-r.

+ 474. Martyre de la reine d'Ecosse, douarière de France (par
Adam Blackwood). *Edimb.*, 1587, in-8, d.-r. *(r.*

475. The pearage on the united Kingdom of Great Britain et
Ireland; by John Debrett. *London*, 1814, fig., in-8. format
carré, rel. angl., v. j. *2 vol.*

476. The picture of London, with a collection of appropriate
tables two large maps and varions other engravings. *London*, 1815, pet. in-12, bas. j. — A new description of all
the direct and principal Cross roads in England and Wales,
by Paterson. *London*, 1794. == A Guide to the lakes, in Cum-
berland, Westemorland and Lancashire. *Lond.*, 1796, gr.
in-8, et in-8, cart.

477. Les Délices du Brabant et de ses campagnes, par M. de
Cantillon. *Amst.*, 1757, in-8, 4 vol., v. rac. — De la Hollande (par Parival). *La Haye*, 1740, in-12, 2 vol., v, br.

478. Le Guide d'Amsterdam. *Amst.*, 1772, in-8, fig.. v. éc.,
fil. — Le Guide d'Amsterdam (par Jean Covens et fils).
Amst., 1793, gr. in-8, d.-r. — Les délices de Leyde (par
P^re Vauder Aa). *Leide*, 1712, pet. in-8, v. m., fil.

479. Apperçu statistique des Etats d'Allemagne, par Jean Da-
niel Albert Hoeck, publié en français par Adrien Duques-
noy. *Paris*, 1801, gr. in-fol., d.-r. — Le Royaume de West-
phalie, Jérome Bonaparte, sa cour, ses favoris, et ses mi-

470   12   „   Merlin (institut)

471 ⎫
    ⎬   ── 2   ,
472 ⎭

473   1

474   5   „   Merlin
475   3   „
476   1   „

477   4   25
478   2   80

479   1   .

440   1   „

441   1   90

2 2   ·
        3   15
3

4 —1 50

6 —2 of   Cynics

7 — 2   „

8 — 2   „

9   2 of   Latin

nistres, par un témoin oculaire (Aubert de Vitry). *Paris*, 1820, in-8, bas. rac.

Notes marginales à l'encre et au crayon, servant de clef.

480. Mémoires authentiques et intéressans des comtes de Struen et Brandt. *Lond. (Paris)*, 1789, in-8, bas. jas. — Histoire de la dernière révolution de Suède, trad. de l'anglais de Ch. Fr. Sheridan. *Lond. (Paris)*, 1783, in-8, v. m. — Caractères et anecdotes de la cour de Suède. *Paris*, 1792, en cart., fil. in-8, rel.

481. Histoire de Gustave III, roi de Suède, par le chevalier d'Aguila. *Paris*, 1815, 2 vol., in-8, d.-r. — Histoire de l'assassinat de Gustave III. *Paris*, 1802, in-8, bas. rac.

482. État présent du Danemarc, par M. de Molesworth. *Paris*, 1715, pet. in-8, vélin. — Lettres sur le Dannemarc (par Roger). *Genève*, 1757, in-8, v. m., fil. — Mém. sur les révolutions arrivées en Danemarck et en Suède, 1770, 71 et 72, par l'abbé Roman. *Paris*, 1887, in-8, bas. rac.

483. Tableau des états danois, par Cattau, avec une carte. *Paris*, 1802, in-8, 3 vol., d.-r. — Tableau de la Mer Baltique, par le même. *Paris*, 1812, in-8, 2 vol. d.-r.

484. Mémoires secrets sur la Russie et particulièrement sur la fin du règne de Catherine II (par Masson). *Paris*, 1800, in-8, 2 vol., bas. rac. — Hist. et anecdotes de la révolution de Russie, en l'année 1762 (par de Rhulières). *Paris*, 1797, in-8, pap. vél., cart. — Pierre-le-Grand, par Ch. Denina, traduit (de l'italien) par J. F. André (des Vosges). *Paris*, 1809, in-8, bas. rac.

486. An essay on certain points of ressemblance between the ancient and modern Greeks, by Fred. Sylv. North Douglas. *Lond.*, 1813, gr. in-8, cart.

487. Lascaris, ou les Grecs du xve siècle, suivi d'un essai historique sur l'état des Grecs, depuis la conquête musulmane, jusqu'à nos jours, par M. Villemain. *Paris*, 1825, in-8, br.

488. Anastase, ou mém. d'un Grec, écrits à la fin du xviiie siècle, traduit de l'anglais par l'auteur de Londres en 1819 (Fauconpré), avec une carte de l'empire Ottoman. *Paris*, 1820, in-8, 2 vol., d.-r.

489. Tableau du commerce de la Grèce, depuis 1787, jusqu'en 1797 ; par Félix Beaujour. *Paris*, 1800, in-8, 2 vol., cart. — Histoire des événemens de la Grèce, depuis les premiers troubles, par C. D. Raffenel, carte. *Paris*, 1822 ; in-8.

d.-r. — Histoire de Missolonghi, par M. Auguste Fabre. *Paris*, 1827, in-8, d.-r.

490. Proceedings in Parga and the Ionian Islands, with a series of correspondence and other justificatory documents, by C. P. de Bosset, map. *Lond.*, 1819, gr. in-8, pap., cart. angl. — Parga and the Ionan Islands, by C. P. de Bosset. *Lond.*, 1822, gr. in-8, cart.

491. Histoire de l'emp. Ottoman; par M. Mignot. *Paris*, 1771, 4 vol. in-12, v. m.

492. Tableau général de l'empire Ottoman; dessiné par Moreau le jeune, et gravé par J. B. Simonet. *Paris*, 1787, in-fol., atlas, cartonné.

493. Etat actuel de l'empire Ottoman; par Elias Abesci, traduit de l'anglais par Fontanelle. *Paris*, 1792, in-8, 2 vol., d.-r.

494. Tableau historique, politique et moderne de l'empire Ottoman; par Will. Eton, traduit de l'anglais par Lefebvre. *Paris*, 1799, 2 vol. in-8, v. rac.

495. Etat actuel de la Turquie, par T. Thornton, traduit de l'anglais par de S****. *Paris*, 1812, in-8, 2 vol., bas. rac.

496. Mémoirs relating to European and Asiatic Turkey; edited from manuscript journals, by Robert Walpole. *London*, 1817, cart. et fig., gr. in-4, v. rac., fil.

497. Observations sur la religion, les loix, le gouvernement et les mœurs des Turcs, traduit de l'anglais (de M. Porter, ministre anglais à Constantinople); par M. B**** (Bergier, frère du théologien). *Paris*, 1769, p. in-8, 2 p. 1 vol., d.-r. — Mem. du Baron de Tott sur les Turcs et les Tartares. *Amst.* (*Paris*), 1785. == Essai de géographie, de politique et d'histoire sur les possess. de l'empire des Turcs en Europe (par le chevalier du Vernois), pour servir de suite aux mém. de Tott. *Lond.*, *Paris*, 1785. == Journal d'un officier de l'armée navale en Amérique, en 1781 et 82. *Amst.* 1782, 6 tom. 3 vol. in-8, v. éc.

498. Descrizione dello stato presente di Constantinopoli da Cosino Comidas de Carbognano. *Bassano*, 1795, in-4, fig., d.-r. — Constantinople anc. et mod., par Jacq. Dallaway, traduit de l'anglais par And. Morellet. *Paris*, 1799, in-8, 2 vol., v. éc.

499. Mém. sur l'observatoire de Méragah et sur quelques instrumens employés pour y observer, suivi d'une notice sur la vie et les ouvrages de Nassyr-Eddyn, par A. Jourdan.

490   2   6f .

1   1   2f   [illegible]
2   2   of   [illegible]
3 }
   }   1   "
4 }

5   1   60
6.   11   "   [illegible]
7   1   "   [illegible] .

8   2   ,   [illegible]

7

493.4.   1   "   [illegible]

500   L. ss   Certaine
                      aux 499

1   1   „

2   2   70

3   1   „

4   9   50   Certaine
5   3   40   moreld'orlans
6   4   80
7   1   „   Epriès

8   6   „   Merlin (Mouffland)

9   ·   10   50   Merlin   (iN)

Paris, 1810. == Notice historique sur Aboul Feda et ses ouvrages, par Am. Jourdan. Le tout traduit des auteurs arabes
et persans; in-8, 2 pièces, 1 vol., cart.

500. Histoire de la guerre entre la Russie et la Turquie, et
particulièrement de la campagne de 1769 (par de Keralis).
Saint Pétersbourg (Amst.), 1773, in-8, v. m. — Histoire de la Moldavie et de la Valachie, par M. C. (Carra).
Neuchâtel, 1781, in-12, v. m. — Révolution de Constantinople en 1807 et 1808, par A. de Juchereau. *Paris*, 1819,
2 vol. in-8, d.-r.

501. Traité du commerce de la Mer Noire, par de Peyssonnel.
Paris, 1797, in-8, 2 vol., v. rac. — Essai sur le commerce
et la navigation de la Mer Noire; par M. Anthoine, de
Saint Joseph. *Paris*, 1820, in-8, rel. en carton.

502. An historical disquisition concerning the Knowledge
which the ancients had of India, with an appendix, by
W. Robertson. *Basil.*, 1792, cartes, in-8, v. rac. — Essai
sur les isles Fortunées et l'antique Atlantide; par Bory de
Saint-Vincent. *Paris*, 1803, in-4, bas. rac. fil.

503. Recherches philosophiques sur les Egyptiens et les Chi-
nois, et sur les Grecs, par M. de P**** (Pauw). *Berlin*,
1773, et 1788, in-12, 4 vol., d.-r., et v. rac.

504. Recherches asiatiques, traduit de l'anglais par A. La-
baume. *Paris*, 1805, 2 vol. in-4, fig., v. rac.

505. Choix des lettres édifiantes, par M****. *Paris*, 1800,
in-8, 8 vol., d.-r.

506. Description de l'Indostan; par Rennell, traduit de l'anglais par J. B. Boucheseiche. *Paris*, 1800, in-8, 3 vol.,
et atlas in-4, bas. rac.

507. Description de Peking, par de L'isle et Pingré, avec le
plan et des fig. *Paris*, 1765, in-4, d.-r. — Description du
royaume de Macaçar (par Nic Gervaise.) *Ratisbonne*, 1700,
in-12, v. m. — Essai sur les troubles actuels de Perse et de
Géorgie; par M. de P**** (Peyssonnel). *Paris*, 1754, p.
in-8, v. m. fil.

508. Traicté des Tartares, de leur origine, pays, peuples,
mœurs, religion, guerres, conquestes, empire et son esten-
duë, etc, par Pierre Bergeron. *Paris*, 1634, p. in-8, v.
jas. — Histoire de l'Afrique et de l'Espagne, sous la domination des Arabes; par Cardonne. *Paris*, 1765, 3 vol.
in-12, v. m.

509. Histoire chevaleresque de Maures de Grenade, traduite

de l'espagnol de Ginès Pérez de Hita, précédée de quelques réflexions sur les Musulmans d'Espagne, avec des notes historiques et littéraires; par A. M. Sané. *Paris*, 1809, in-8, 2 vol., d.-r. — Justa expulsio de los Moriscos de Espana : del M. F. Damian Fonseca. *Roma*, 1612, in-8, bas. rac. — Esquisse de l'état d'Alger, par Will. Shaler, traduit de l'anglais par M. X Bianchi, avec un plan d'Alger. *Paris*, 1830, in-8, d.-r. — Apercu historique, statistique sur l'état d'Alger, rédigé au dépôt général de la guerre. *Paris*, 1830, in-8, et atlas in-4, d.-rel.

511. Histoire de l'expédition française en Egypte; par P. Martin. *Paris*, 1815, in-8, pap. vél., 2 vol. bas. rac. — Description des pyramides de Ghize, de la ville du Kaire et de ses environs; par J. Grobert. *Paris*, 1801, fig. et cart. in-4, d.-r.

512. Essai sur la population de l'Amérique; par E. B. d'E. (Bailly d'Engel). *Amst,*, 1767, in-12, 5 tom. 4 vol., v. porf., fil. — Des colonies et de la révolution actuelle de l'Amérique, par M. de Pradt. *Paris*, 1817, in-8, 2 vol. cart.

513. Tracts relative to the island of Saint-Helena, by Beatson; with views engraved, by William Daniell. *London*, 1816, gr. in-4, bas. rac.

514. Tractatus historico-geographicus quo Ulissem et Outinum unum eundemque esse ostenditur, et ex collatis inter se Odyssea Homeri et Edda Island homerizante, Outini fraudes deteguntur, ac, detracta larva, in lucem protrahitur Ulisses; auth. Jona Ramo, cum tabella geograph. *Hafniæ*, 1716, p. in-8, vél. — Palæphati de incredibilibus (gr.), cum interp. latina Cornelii Tollii, et annotationibus Martini Brunnerii, denuo recensuit et animadv, novas inspersit, nec non Doctrinas morales. *Francof*, 1686, p. in-8, 2 tom. 1 vol., v. fau.

515. Biographie moderne, ou galerie historique contenant les portaits politiques des Français de l'un et l'autre sexe morts ou vivans, qui se sont rendus célèbres depuis le commencement de la Révolution. *Paris*, 1815, in-8, 2 vol., bas. rac.— Biographie des députés, précédée d'une introduction et d'une notice sur le nouveau ministère. *Paris*, 1828, in-8, d.-r. — Petite Biographie conventionnelle, snivit du résultat des votes dans le procès de Louis XVI. *Paris*, 1815, fig., in-12, d.-rel.

11 3

2 1

3 5 10

4 1

5 1

§16
§17 } 1 So   [illegible]

§18 1 „   [illegible]

§19 1 „   [illegible]

§20 4 „

§21 1 So

§22 2 [illegible]

§23 2 15
§24 5 So [illegible]   ....

516. Dictionnaire des Girouettes, ou nos contemporains peints d'après eux-mêmes, orné d'une fig. *Paris*, 1815, in-8, d.-r.

517. Biographie des quarante de l'académie française. *Paris*, 1826, in-8, d.-rel. — Martyrologe littéraire, ou dictionnaire critique de 700 auteurs vivans, par un hermite qui n'est pas mort *Paris*, 1816, in-8, d.-r. — Eloges historiques composés pour la société médicale de Paris, suivis d'un Discours sur les rapports de la médecine avec les sciences physiques et morales; par J. L. Alibert. *Paris*, 1806, in-8, d.-r.

518. Caractères des poètes allemands depuis Charlemagne. *Berlin*, 1781, 2 vol. pet. in-8, v. rac. — A biographical dictionary of the living authors of Great Britain and Ireland. *London*, 1816, gr. in-8, v. rac., r. angl.

519. Notice des ouvrages de Danville, précédée de son éloge, par M. Dacier. *Paris*, 1802, in-8, cart., pap. bl., fil. (Don à M. Le Chevalier, par J. D. Barbié du Boccage, avec sa signature autographe). — Pétrarque à Vaucluse (par l'abbé Arnavon.) *Paris*, 1804, in-8, rel. en cart. — Vies de Milton et d'Addisson; trad. de Sam. Johnson. *Paris*, 1805, in-18, 2 vol., rel. en pap., mar. r., dent. — Memoria Christ. Gottlob Heynii commendata, ab Arn. Herm. Lud. Heeren. *Gottingæ*, 1812, in-4, d.-r.

520. Memoirs of sir James Campbell, of ardkinglas, written by Himselff. *Lond.*, 1832, gr. in-8, portr., pap. vél., cart. angl. — Essai historique sur le docteur Swift. *Paris*, 1808, port., in-4, v. rac.

521. Monde primitif, analysé et comparé avec le monde moderne, considéré dans l'histoire du calendrier ou almanach, avec fig.; par Court de Gebelin. *Paris*, 1786, in-4., d.-r.

522. Remarques sur les âges d'or, d'argent, d'airain et de fer des anciens poètes, et sur la découverte et l'invention des métaux, par Géraud Graulhié. *Paris*, 1810, in-8, d.-r. — Essai sur la marine des anciens et particulièrement leurs vaisseaux de guerre, par Deslandes; fig. *Paris*, 1768, in-12, v. j. — Recherches sur la découverte de l'essence de rose, par L. Langlès. *Paris*, 1804, pet. in-12, pap. vél., rel. en cart., fil.

523. Le génie de la révolution considéré dans l'éducation (par Ferri de S. Constant.) *Paris*, 1817-18, in-8, 4 vol., d.-rel.

524. De la littérature des Hébreux, ou des livres saints considé-

rés sous le rapport des beautés littéraires, par J.-B. Salgues. *Paris*, 1825, in-8, d.-r. — Histoire abrégée de la littérature grecque, depuis son origine jusqu'à la prise de Constantinople par les Turcs, par F. Schœll. *Paris*, 1813, in-8, 2 vol., bas. rac.

525. Histoire abrégée de la littérature romaine, par F. Schœll. *Paris*, 1815, 4 vol. in-8, v. rac.

526. De la littérature des Turcs, par l'abbé Toderini ; trad. de l'ital. en franç. par l'abbé de Cournand. *Paris*, 1789, in-8, 3 vol. cart., fil.

527. Voyage bibliographique et pittoresque en France, par Th. Frognall Dibbin, trad. de l'angl., avec des notes, par Théod. Licquet ; fig. en bois. *Paris*, 1825, in-8, 4 vol., d.-r.

528. Lettre trentième, concernant l'imprimerie et la librairie de Paris, trad. de l'angl., avec des notes, par G. A. Crapelet. *Paris*, 1821, in-8, gr. pap. vél., cart.

529. Dictionnaire bibliographique, historique et critique des livres rares, etc. (par l'abbé Duclos.) = Supplément (par Brunet fils.) *Paris*, 1802, 4 vol in-8, v. rac.

530. Dictionnaire raisonné de bibliologie et supplément, par G. Peignot. *Paris*, 1802-1804, in-8, 3 vol., bas. rac., fil.

531. Manuel du libraire et de l'amateur de livres, par Jacq.-Ch. Brunet fils. *Paris*, 1814, in-8, 4 vol., v. rac.

532. Dictionnaire des ouvrages anonymes et pseudonymes, composés, traduits ou publiés en français, accompagné de notes historiques et critiques, par Ant.-Alex. Barbier. *Paris*, 1806-1808, in-8, 4 vol., v. rac.

533. Dictionnaire bibliographique choisi du xve siècle, par de la Serna, Santander. *Brux.-Paris*, 1805, in-8, 3 vol., v. f., fil.

534. Bibliographie instructive, par Guill.-Fr. de Bure. *Paris*, 1763-1768, 7 vol. in-8, v. rac. — Catalogue des livres de la bibliothèque du duc de la Vallière, 1re partie rédigée par Guill. de Bure. *Paris*, 1783, 3 vol. in-8, v. rac.

535. Essai historique sur la bibliothèque du roi (par Leprince.) *Paris*, 1782, pet. in-12, d.-r. *Rare*.

536. Catalogue des livres imprimés sur vélin, de la bibliothèque du roi (par Van Praet.) *Paris*, 1822, gr. in-8, 5 tom., 4 vol., v. porph. — Catalogue des livres imprimés sur vélin, qui se trouvent dans les bibliothèques tant publiques que particulières. *Paris*, 1824, 6 vol., gr. in-8, br.

Le 5me vol. manque.

§25	22	"	Austin Esch.
§26	4	of	
§27			Osborne
§28	1		Osborne
§29	1	of	Dublin
§30	5	of	Sanctkonke
§31	18	"	Austin Joh
§32	5	of	Osborne
§33	8	50	Austin
§34	9	60	Osborne
§35	3	"	Austin Jom
§36	41	50	Freeman

§37   11   50   [illegible]

§38   5   .

§39   2   ..   ~~[illegible]~~

§40   3   of   [illegible]

§41   7   .   [illegible]

§42   1   .

§43   3   20

§44   10   .   [illegible]

§44 9.   10   [illegible]

[illegible]   10   [illegible]

           10   [illegible]

           10   [illegible]

           10   [illegible]

537. Inventaire ou catalogue des livres de l'ancienne bibliothèque du Louvre, fait en l'année 1373, par Gilles Mallet,
avec des notes historiques et critiques (par M. Van-Praet).
Paris, 1836, gr. in-8, 2 vol., cart. à la Bradel. — Notice
sur Colard Mansion, impr de la ville de Bruges en Flandre,
dans le xve siècle (par M. Van Praet). *Paris*, 1829, in-8,
gr, pap. vél., cart.

538. Catalogue de livres rares et recherchés. In-4, veau. rac.
roul.

> Manuscrit mod. in-4, belle écriture, et notes bibliographiques
> à presque tous les articles.

539. Catalogues manuscrits des livres in-fol. et des in-4, des
lettres A à Z, de la bibliothèque de Sainte-Genviiève; 2 vol.
in-4, v. rac., et d.-r.

540. Catalogue des livres rares et précieux de la bibliothèque
de M. le comte de Mac-Carthy Reag. *Paris*, 1815, 2 vol.
in-8, bas. rac.

541. Catalogues des bibliothèques de l'Héritier, Lalande,
Larcher, Clavier, Paignon, Dijonval, Morel de Vindé, de
Chardin, de Langlès, de Duriez, etc.

542. Palæphati de incredibilibus (gr.-lat.) edidit, notasq. et
geminum indicem adjecit Mart. Brunnerus. *Upsal.*, 1663.
== Les amours de Léandre et de Héro, poème de Musée le
Gramm., trad. du grec en français, avec le texte (par La-
porte Dutheil.) *Paris*, 1784, pet. in-8, 2 tom., 1 vol.,
v. m.

543. Nouveaux mélanges historiques et littéraires, par M. Villemain. *Paris*, 1827, portr., in-8, d.-rel. — Mélanges d'une
petite bibliothèque, ou variétés littéraires et philosophiques,
par Ch. Nodier. *Paris*, 1829, in-8, bas. porf.

544. Ulysse-Homère, ou du véritable auteur de l'Iliade et de
l'Odyssée, par Constantin Koliades (M. Le Chevalier). *Paris*,
Debure,1829, in-fol., fig., pap. vél., br. en cart.

INSTRUMENS D'ASTRONOMIE

ET AUTRES.

1. Équatorial dans sa boîte.
2. Une grande lunette de Dollond sur son trépied en Léi, à quatre oculaires de rechange, et sa boîte d'acajou.
3. Un cercle répétiteur de Borda.
4. Un cercle de réflexion de Baradelle.
5. Niveau à bulle d'air et à lunette, de Lenoir.
6. Boussole à pinnules et lunette, de Lenoir.
7. Petit quart de cercle, dans une boîte de cuir.
8. Une règle d'acier, divisée, longue de 95 centimètres.
9. Un déclinatoire sur marbre.
10. Un mètre en cuivre, de Lenoir, dans sa boîte.
11. Lunette de nuit.
12. Allidade en cuivre, dans sa boîte.
13. Un cadran solaire en marbre, avec deux niveaux.
14. Équerre d'arpenteur, avec étui de buis, chaînes et piquets.
15. Horizon artificiel en verre, fiole divisée, et boîte.
16. Un horizon artificiel à mercure, et sa boîte en acajou.
17. Niveau à bulle d'air, de 9 p°.
18. Un mètre-canne, bois des îles, et garnitures acier et cuivre.
19. Un grand rapporteur à allidade, en cuivre, et étui.
20. Un boîte de grand compas, et accessoires.
21. Deux grandes mires d'une toise, avec voyant.
22. Un prisme, pour démontrer les trois parties intégrantes d'un objectif achromatique.
23. Un pied de lunette en cuivre.
24. Un petit pied d'instrument.
25. Un petit sextant de Ramsden, dans sa boîte.
26. Une lunette de Rochon, pour mesurer les distances, avec son pied en cuivre, garni de deux niveaux.
27. Un micromètre de Hautpois, applicable à une lunette.
28. Un micromètre de longue vue et trois oculaires astronomiques.

29. Une pendule de Morel.
30. Un compteur de Lepaute.
31. Une lunette méridienne, dans sa boîte de cuir, avec ses
    supports fer et cuivre, et un niveau.
32. Un pantographe dans sa boîte.
33. Un compas à arc de cercle, et une aiguille aimantée.
34. Deux globes d'un pied de diamètre.
35. Deux étuis de mathématiques dans leur boîte.
36. Une chambre obscure.
37. La géociclyque de Grannet.
38. Plusieurs échelles en cuivre.
39. Une triple équerre pour la gnomonique.
40. Lunette murale de Rochon.
41. Un horizon artificiel dans sa boîte.
42. Un sextant en ébène.
43. Une boussole à réflexion, dans sa boîte, par Schmalcal-
    der, d'après le capitaine Kater.
44. Compas à verge.
45. Quatre règles à calcul, en buis.
46. Deux aplombs, et un troisième plus gros.

ORDRE DES VACATIONS.

——

1re Vac. *Mercredi* 26 octobre 1836.

Théologie, etc.   Nos   1— 35
Belles-Lettres.   240—291

2e Vac. *Jeudi* 27.

Belles-Lettres.   212—239
Histoire.   435—467
——————   330—351

3e Vac. *Vendredi* 28.

Sciences et Arts.   82—128
Belles-Lettres.   292—329

4e Vac. *Samedi* 29.

Sciences et Arts.   130—162
Histoire.   388—434

5e Vac. *Lundi* ~~1er Novembre~~ *31 octobre*

Sciences et Arts.   163—196
Histoire.   468—514

6e Vac. ~~Mardi~~ 2. *Mercredi 4*

Histoire.   515—543
——————   352—387
——————   197—211

7e et dernière Vac. ~~Mercredi 5.~~ *jeudi 5*

Sciences et Arts.   36— 84
Instrumens.

Acquisitions

31		2	20	— Lafayni
35		8	,	Marcenghni
49		10	,	— institut
60				Jomard
62		3	,	Legentis
63		1	50	institut
77	}	4	,	×
78	}			
85		12	,	institut
90	}	1	,	×
91	}			
105	1	4	40	× jeunesfrançais
124		14	,	Harco
139		13	,	× jeunesfrançais
149		3	,	×
163		1	60	×
169		4	10	Drouillard

170 Boss — — — 6 . Drueker
171 Jeuerur — — — 7 do id
172 Du Herz Lubin 3 do X
174 Stutzstate — 6 do + Serm
180 Suffuyer 23 do X
181 Serry . 7 " + Jemard
182 Fabburg Suffe 9 " X
183 Eckhoff — — 18 " Seguutil
213 Soller 24 " + Wormyhur
227 Conformis ti 6 " + id
230 Dret fud ij 7 " instat
255 Lomar 15 " + Serm
271 tudent — — — 4 " + Serm
277 Quutris d Smyrm 1 " X
278 Quutrs Smyrudes 6 " X
291 Canwens — — — 1 " X

332 Loerup, Varandy   7   »   × Jomard
335 Sanfanias   15   »   × Warnytion
344 adomo ———   6   .   Leclerc (V.)
108 quakers ———   2   .   d'ufty
12 thucydide ———   14   50 ×
13 herodote ———   57   »   Hannyhnny
115 Dictys ———   9   »   fortia
35 tit d'aubigni   7   80 — ×
59 Vanpruel   8   »   institut
64 fazilley ———   8   »   V. Leclerc
70 menefes ———   12   «   institut
75 Searuys ———   3   «   ×
98 tartres, ———   6   «   Droiulum
09 Jené ———   10   50 id
25 Schell ———   22   «   Schoun
31 brunn   18   «   johann

533 Santander   8 50 ×
535 Leprince   3 . Jomard